雅安生态文化旅游系列

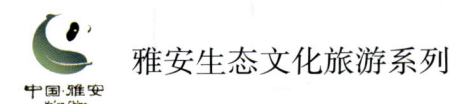

# 雅安古建築

（第一辑）

中国人民政治协商会议雅安市委员会 编

西南交通大学出版社
·成都·

图书在版编目（CIP）数据

雅安古建筑. 第一辑 / 中华人民政治协商会议雅安市委员会编. -- 成都：西南交通大学出版社，2024.11. -- ISBN 978-7-5774-0158-4

Ⅰ. K928.717.13

中国国家版本馆 CIP 数据核字第 20249WU269 号

Ya'an Gu Jianzhu (Di-yi Ji)
### 雅安古建筑（第一辑）
中国人民政治协商会议雅安市委员会　编

| | |
|---|---|
| 策 划 编 辑 | 黄庆斌 |
| 责 任 编 辑 | 居碧娟 |
| 责 任 校 对 | 左凌涛 |
| 封 面 设 计 | 原谋书装 |
| 出 版 发 行 | 西南交通大学出版社 |
| | （四川省成都市金牛区二环路北一段 111 号<br>西南交通大学创新大厦 21 楼） |
| 营销部电话 | 028-87600564　028-87600533 |
| 邮 政 编 码 | 610031 |
| 网　　　址 | http://www.xnjdcbs.com |
| 印　　　刷 | 成都市新都华兴印务有限公司 |
| 成 品 尺 寸 | 210 mm × 285 mm |
| 印　　　张 | 14.5 |
| 字　　　数 | 290 千 |
| 版　　　次 | 2024 年 11 月第 1 版 |
| 印　　　次 | 2024 年 11 月第 1 次 |
| 书　　　号 | ISBN 978-7-5774-0158-4 |
| 定　　　价 | 188.00 元 |

图书如有印装质量问题　本社负责退换
版权所有　盗版必究　举报电话：028-87600562

雅安市政协文史资料编委会
雅安生态文化旅游系列编委会

主　　任　戴华强
副 主 任　李景峰
编　　委　杨　力　陈茂瑜　李　诚　李阳军　赵　敏
　　　　　陈智强　袁世华　李　平　唐　利

《雅安古建筑（第一辑）》

中国人民政治协商会议雅安市委员会　编

**编辑部**

主　　编　李景峰
副 主 编　唐　利
执行主编　山　川　杨明江
学术顾问　李炳中
撰　　稿　杨明江
摄　　影　杨明江　杨　鑫　陶雄辉　李亚军　陆仁泽
　　　　　刘敬忠　高德章　杨朝慧　廖仕林　宋甘文
编　　务　刘江敏　康元松　叶　雪　杨本庶　卫　毅
　　　　　苟　宏　张　琼　耿俊杰　邓正凡　陈春芽
　　　　　罗永建　龚　勇　陈国芳　杨　永　王　敏
　　　　　王晓波　沈永华

# 序

雅安历史悠久，有人类活动的历史可以追溯到旧石器时代。有人居住必有建筑，有建筑的地方必有遗存。当我们将目光投向这片土地上的古建筑时，仿佛打开了一扇通往历史的神秘之门。

这些古建筑，是岁月沉淀的瑰宝，是先辈智慧的结晶。它们承载着雅安的记忆与故事，见证了时光的流转和变迁。从古朴的汉阙到肃穆的寺庙，从高大的牌坊到敦厚的古碑，每一处建筑都蕴含着丰富的文化内涵和艺术价值。它们不仅是建筑艺术的杰作，更是雅安人民精神家园的重要组成部分。

雅安古建筑，在全国、全省古建筑资源中占有重要地位。全国37处汉阙（四川19处）中，雅安占3处。民国前修建的宗族牌坊，全国仅存14处，雅安占1处。四川12座宋元时期的木结构建筑中，雅安占2处。

雅安古建筑，撑起雅安不可移动文物的半壁江山。自1987年第二次全国文物普查开展以来，列入全国重点文物保护单位的不可移动文物28处，其中古建筑17处，占61%；列入省级文物保护单位的不可移动文物134处，其中古建筑74处，占55%；列入县级以上文物保护单位的不可移动文物329处，其中古建筑180处，占55%。透过这些古建筑，我们能触摸到雅安曾经的繁华与沧桑，感受到先人们的生活气息和审美情趣。它们犹如一部部无言的史书，向我们诉说着过去的辉煌与传奇。

高颐阙文博公园内的西阙、东阙、高颐碑及石兽等

雅安古建筑，是雅安地域文化的特殊载体。雅安素有"川西咽喉""西藏门户""民族走廊"之称。特殊的地理位置孕育了特色鲜明的地域文化。茶文化、大熊猫文化、红军文化、土司文化以建筑构件为载体，融合雕刻、绘画、塑像等艺术形式，沉淀于历史长河，成为了解雅安文化特质不可缺少的实物实证。

雅安古建筑，是雅安文旅勃兴的特色资源。古建筑作为不可移动文物的重要组成部分，是极具地方特色的旅游资源。国内以古建筑为媒介的旅游开发不乏成功案例，雅安也在这方面迈出了坚实步伐。以高颐阙为主体的文博公园，以古建筑群为载体的蒙顶山旅游，以平襄楼和姜公庙为基础的汉姜古城，以古屋、古桥、古塔、古牌坊为特色的上里古镇，以古寺和古树融合发展的云峰山景区……以古建筑为媒介的雅安文旅产业方兴未艾。

雅安古建筑，承载着数辈人难以泯灭的浓浓乡愁。在古老的巷陌间，在广袤的田野里，在幽静的深山密林中，一座座静谧的古建筑陪伴着一代代人成长。有多少人从牌坊的门洞下外出寻梦，有多少人在古碑前辛勤劳作，有多少人在寺庙中寄托祈望。从牙牙学语到白发皓首，时光冲刷掉多少往事，唯有古建筑的印记始终挥之不去，唯有沉淀的乡愁融入灵魂深处。

历史遗存的古建筑，不仅生动地述说着过去，也深刻地影响着当下和未来；不仅属于我们，更属于子孙后代。因此，保护好、传承好、开发好、利用好这些古建筑，是对雅安历史负责，更是对雅安人民负责。系统地整理好古建筑资料，完整地记录好古建筑现状，客观地讲述好古建筑故事，是我们不可推卸的责任和义务。

近年来，雅安市以古建筑为主体的文物保护成就斐然，特别是在连续遭受地震的特殊背景下，由于各级党委、政府关心支持，文旅、城建、民宗和文物保护部门积极担当，通过文物普查、申报保护单位、实施优质维修工程、推进信息化监控等有效措施，一些维修项目被评为全国性优质工程，文保工作开创了新的局面。但是，长期以来，由于各种因素的制约，全民保护意识的确立、古建筑内在价值的发掘、古建筑文物的活化利用还需要提升，古建筑保护利用任重道远。

认识是保护利用的基础。雅安至今还没有一本综合介绍古建筑的书籍，缺乏较为全面的科普载体。基于此，雅安市政协拟编辑出版《雅安古建筑》系列丛书三辑，这在雅安历史上是第一次，具有开创性意义。本辑侧重于汉阙、寺庙、教堂、祠堂、文庙、字库塔、牌坊和古碑等古建筑类型。全书采取以图为主、图文结合的形式，汇集了七类70处古建筑的概况、历史典故和特色看点，既具有记录整理的作用，又具有宣传推介的功能。

愿本书的出版发行，能为雅安古建筑的科学保护和活化利用，为雅安古建筑文化的普及和传承起到积极的推动作用。

戴华强

2024年9月

# 目录

| | |
|---|---|
| 漫　谈 | 001 |
| **汉阙** | 013 |
| 　高颐阙（全国重点文物保护单位） | 014 |
| 　樊敏阙（全国重点文物保护单位） | 024 |
| 　芦山无名阙 | 032 |
| **寺庙** | 033 |
| 　观音阁（全国重点文物保护单位） | 034 |
| 　青龙寺六殿（全国重点文物保护单位） | 040 |
| 　开善寺大殿（全国重点文物保护单位） | 046 |
| 　蒙山禹王宫（全国重点文物保护单位） | 054 |
| 　金凤寺（省级文物保护单位） | 057 |
| 　蒙山天盖寺（省级文物保护单位） | 062 |
| 　蒙山永兴寺（省级文物保护单位） | 064 |
| 　蒙山智矩寺（省级文物保护单位） | 068 |
| 　蒙山千佛寺（省级文物保护单位） | 072 |
| 　金刚寺（省级文物保护单位） | 074 |
| 　观音殿（省级文物保护单位） | 076 |
| 　水月寺（省级文物保护单位） | 078 |
| 　白君庙（省级文物保护单位） | 080 |

佛图寺（省级文物保护单位）……………………………… 082
涌泉寺（省级文物保护单位）……………………………… 086
云峰寺（省级文物保护单位）……………………………… 088
观音寺（省级文物保护单位）……………………………… 092
碧峰寺（市级文物保护单位）……………………………… 094
兴佛寺（市级文物保护单位）……………………………… 096
观音庙（县级文物保护单位）……………………………… 100
止观寺（县级文物保护单位）……………………………… 102
阿婆庙（县级文物保护单位）……………………………… 104
城隍庙（县级文物保护单位）……………………………… 106
波惹寺（县级文物保护单位）……………………………… 108

## ✿ 教堂 ……………………………………………………… 109
邓池沟天主教堂（省级文物保护单位）…………………… 110
大众路天主教堂（县级文物保护单位）…………………… 114
皇木天主教堂 ……………………………………………… 116
芦阳天主教堂（县级文物保护单位）……………………… 118

## ✿ 祠堂 ……………………………………………………… 119
姜侯祠（全国重点文物保护单位）………………………… 120
杨家上祠堂（省级文物保护单位）………………………… 128
杨家土司祠堂（省级文物保护单位）……………………… 130
赵家祠堂 …………………………………………………… 136
黄氏宗祠 …………………………………………………… 138

## 文庙·字库塔 ... 139

- 名山文庙（全国重点文物保护单位）... 140
- 清溪文庙（省级文物保护单位）... 146
- 雅安文庙（县级文物保护单位）... 154
- 上里字库塔（省级文物保护单位）... 156
- 河心白塔（市级文物保护单位）... 158
- 龙泉字库塔（县级文物保护单位）... 159
- 文武庙字库塔 ... 160
- 中坝字库塔（县级文物保护单位）... 162

## 牌坊 ... 163

- 九襄石牌坊（全国重点文物保护单位）... 164
- 蒙山净居寺石牌坊（全国重点文物保护单位）... 170
- 甘露灵泉院牌坊（全国重点文物保护单位）... 174
- 飞仙关南界石牌坊（全国重点文物保护单位）... 178
- 节孝总坊（省级文物保护单位）... 180
- 韩氏双节孝石牌坊（省级文物保护单位）... 184
- 陈家山牌坊（省级文物保护单位）... 188
- 三皇宫石牌坊（省级文物保护单位）... 194
- 西湖胜景牌坊（省级文物保护单位）... 196
- 寿相桥石牌坊（省级文物保护单位）... 198
- 观音桥石坊（县级文物保护单位）... 200
- 五里村节孝石牌坊（县级文物保护单位）... 202
- 五通碑（县级文物保护单位）... 204
- 穆坪土司墓牌坊（县级文物保护单位）... 206

## 古 碑 ...... 209

  重修大相岭桥路碑（全国重点文物保护单位）...... 210

  天目重修路道碑（省级文物保护单位）...... 211

  天下大蒙山碑（省级文物保护单位）...... 212

  穆坪土司"功德碑"（馆藏二级文物）...... 213

  蓑衣岭碑刻（市级文物保护单位）...... 214

  "翼王亭记"石碑（市级文物保护单位）...... 215

  西康省东界碑（县级文物保护单位）...... 216

  带厉河山碑（县级文物保护单位）...... 217

  卫继故里碑（县级文物保护单位）...... 218

  白云院古碑（县级文物保护单位）...... 219

  格达庙古碑（县级文物保护单位）...... 220

  朝阳寺古碑（县级文物保护单位）...... 221

## 后 记 ...... 222

# 漫 谈

　　古建筑是指具有历史意义的中华人民共和国成立之前的民用建筑和公共建筑，代表了创建年代的建筑工艺水平和建筑材料水平，对建筑史的变迁和研究具有重要意义。

　　古建筑的分类没有固定统一的标准，按照建筑物的性质与功能分类，一般分为宫殿建筑、民居建筑、礼制祭祀建筑、宗教建筑、陵墓建筑、军事防御体系建筑、桥梁建筑以及古典园林等。雅安的古建筑品类较多，除皇宫建筑外，基本涵盖以上所有类型，只是数量不同，少的三四个，多的数十个，以寺庙、牌坊、民宅类居多。

　　本书涉及的古建筑，主要有汉阙、寺庙、教堂、祠堂、文庙、字库塔、牌坊、古碑等。据不完全统计，这些礼制宗教纪念类建筑列入各级文物保护单位的总共126处，占全市180处不可移动古建筑文物的63%。其中：全国重点文物保护单位14个，省级文物保护单位32个，市级文物保护单位13个，县级文物保护单位67个。还有部分未列入文保单位。

　　雅安这些类型的古建筑规模较大，建筑精美，分布广泛，是迄今为止雅安古建筑中历史最久、保留最多、保存最好的，历来受到金石学家、建筑学家的青睐和推崇。他们或考察撰文，或拓片研究，或摄影留存，使雅安的古建筑及其书艺、绘画等，在中国建筑史、书法史、美术史上都占有一席之地。

## 汉 阙

　　阙，是中国古建筑中的特殊类型。因可在阙楼上观望，故又称"观"。因古代常将法典悬挂于阙楼，也称"象魏"。阙与牌楼、牌坊起源相同，后又分道扬镳，各呈特色。依其功能，分城阙、宫阙、宅第阙、祠庙阙和墓阙等。

　　汉阙，是汉代石阙的简称，为汉代的一种纪念性建筑，有石质"汉书"之称，是我国古代建筑的活化石。悠悠千年，汉代建筑现留存在地面的，除一两处石祠外，数量最多、历史最久、信息量最为丰富的，只有汉阙。

　　人们认识汉阙，大多是从古诗文中。《汉书·朱买臣传》中有"诣阙上书，书久不报"的记载。岳飞的《满江红》中也有"待从头，收拾旧山河，朝天阙"的名句。特别是李白的一句"西风残照，汉家陵阙"，道出了苍茫古道上汉阙遗世独立的苍凉与孤寂。

高颐阙的屋顶制式正面，苍鹰嘴含绶带正视前方 　　樊敏阙的屋顶制式背面，苍鹰拖着长尾垂立屋顶

　　在途径雅安的南方丝绸之路和茶马古道上，也有3座汉阙。据2017年出版的《中国汉阙全集》统计，中国仅存汉阙37座，其中，四川省19座。雅安的3座分别为雨城区的高颐阙、芦山县的樊敏阙和无名阙。

　　雅安的汉阙，均为仿木结构的石质墓阙。在阙身上雕出斗拱、柱、枋、檐、椽、瓦等构件，可见当时木阙的形态。由于古代木阙无一留存，故这些石阙成为研究古代木阙的重要资料。但雅安汉阙身上透露的信息，还远不止于此。除无名阙因为残缺，信息不全外，高颐阙和樊敏阙均保存完好，雕饰华丽，内容丰富，题材多样，技艺精湛。对比观察，这两座汉阙有许多相近的地方。

　　在修建年代方面。樊敏阙修建于东汉建安十年（205年），高颐阙为建安十四年（209年），樊敏阙早于高颐阙4年修建，有专家认为，高颐阙借鉴了樊敏阙的形制，从时间上看也具备这种可能性。

　　在结构形态方面。两座汉阙均由台基、阙身、阙楼、阙顶几部分组成，只是两阙的层数、尺寸不同而已。二阙均为子母阙，母右子左，母高子矮，似孩子依偎在母亲身旁。

　　在屋顶制式方面。两座汉阙的屋顶均为庑殿顶，设素瓦当、椽，宝顶似一元宝形状，中间蹲一苍鹰，嘴含绶带，凶猛异常，好像承担着护阙的职责。

　　在雕刻内容方面。两座汉阙阙身均雕刻有张良椎秦皇、车马出行图；斗拱层的转角处都雕刻有力士负拱，且神态、姿势十分接近。

　　在墓碑体例方面。樊敏碑和高颐碑的碑首形制相同，皆为半圆形，右为浮刻两螭，交曲着沿碑边绕到左侧，在螭龙交曲形成的环拱下刻隶书碑名。两碑的尺寸也是十分接近：高颐碑通高2.8米，而樊敏碑为2.93米；高颐碑的厚度为1.2~1.32米，而樊敏碑为1.2米。

千年逝去，汉阙依旧。汉阙，为雅安城市增添了独特魅力。

凝视汉阙，穿越时空隧道，仿佛听到古人的低语吟唱。

驻足汉阙，任思绪畅飞，感受千年的沧桑和荣耀。

# 寺 庙

寺庙，是佛教建筑的一大类型。寺庙建筑融合了建筑、雕塑、绘画等多种艺术形式，见证了不同时期的社会变迁和佛教发展，为建筑、历史、宗教、艺术等领域的研究提供了丰富的实物资料。

有文字记载的雅安寺庙，起建年代最早可追溯到三国时期。但由于材质、战争及自然灾害的影响，许多建筑经过历代维修、改造、新建，有的虽然起建年代较早，但已没有古建筑形态。保存至今的，多为明清和民国期间遗存。雅安现存的木质结构建筑中，年代最早的是修于元代的芦山青龙寺大殿和平襄楼，观音阁、开善寺等为明代建筑，其余则皆为清代、民国建筑。

佛教传入后，与儒家、道家思想融合，在选址上充分利用自然条件，与自然环境融为一体。雅安的寺庙基本上深处于青山环抱之中，掩映于苍翠古木之内，体现了中国传统"天人合一"的哲学思想。

轴线对称是传统寺庙建筑通用的布局方式，强调中庸、和谐与秩序，以突出主体建筑。大多数寺庙建筑为多进院落群。这些院落都是中国古典的四合院、三合院、天井式结构，个别甚至采用了雅安独具特色的"七星抱月"。即使是后来增建的建筑，也讲究中轴对称的方式。

雅安的寺庙建筑，绝大多数取材于当地丰富的木材资源。这种木质结构的建筑因易遭火灾、易被腐蚀而难以长久保存。一些大型寺庙，采用珍贵的楠木，如开善寺、观音阁、青龙寺大殿的殿内立柱。也有一些寺庙采用本地石材，如荥经县的兴佛寺、名山区的观音庙，这些建筑即使遭受火灾，但大殿的柱体结构也依然存在。还有个别建筑的柱、墙、枋及楼板，完全采用石头，形成独具特色的石楼石屋，如名山区永兴寺的白石古楼、雨城区金凤寺的观音殿等。

雅安寺庙建筑屋顶样式以歇山式居多，很少有庑殿顶、攒尖顶或硬山顶，梁架结构采用抬梁式、穿斗式或二者结合。主体建筑的屋脊置鸱吻、脊兽、套兽、悬鱼和瓦当。凌空的飞檐几乎是每个古建筑必备的，形态上赋予建筑独特的韵律和美感。斗拱是雅安寺庙建筑的重要特色，斗和拱层叠交错，纵横铺作，朵朵如花，精巧衔接，技艺精湛，风格独特。形态各异的柱础也是雅安寺庙古建的特色，有瓜楞形、束腰形、莲瓣形等各种形态，不一而足。

雅安寺庙建筑的装饰手法包括木雕和彩绘，是其艺术特色的重要体现。雕刻手法有浮雕、圆雕、镂空雕等，雕刻部位主要在梁、柱、门窗、柱础等处。彩绘则用于墙面、屋顶和斗拱。艺术内容广泛、题材众多，涵盖二十四孝、神话传说、三国人物、珍禽异兽、花草鱼虫等题

智矩寺屋顶，为典型的歇山式，由前后分别四条垂脊、四条戗脊和顶上一条正脊构成，俗称"九脊顶"

材。装饰图案有莲花、蝙蝠、鱼、大象、狮子等，都具有吉祥寓意，还有一些佛教或道教的符号和图案。建筑色彩常将鲜艳的红、黄、蓝、绿色综合运用，对比强烈，丰富多样，使建筑更加醒目和庄重。

近年来，雅安各级政府和社会各界对传统寺庙建筑的保护力度不断加强，修缮了一批具有重要价值的寺庙。雅安境内的寺庙，有的多次发生功能转换，曾作为乡村教学和乡村办公场地而得以较为完整地保存下来。现在有的寺庙建筑已成为老年活动中心、生态博物馆的场地，在古建筑得到有效保护的同时，发挥着新的作用。

## 教 堂

天主教传入中国，最早在唐代，而进入雅安，则是在清朝中期以后。

随着天主教的传入，教堂建筑也在雅安兴起。目前雅安的天主教堂有8座，分布于雨城区、名山区、芦山县、宝兴县和汉源县。随着时间推移和各种因素的影响，大部分天主教建筑已不具备原始形态，现列入文物保护单位的，只有宝兴县邓池沟天主教堂、雨城区大众路天主教堂、芦山县芦阳天主教堂。其中邓池沟天主教堂建于鸦片战争之前的1839年，是当时川西北地区的天主教传教中心。

这些建筑，取材各异。邓池沟天主教堂取材于当地木材，为纯木质结构，大众路天主教堂为砖木结构，芦阳天主教堂为纯砖结构，皇木天主教堂由一幢纯砖结构与一个纯木质结构的三合院组合而成。

将西方哥特式建筑和拜占庭风格的特点融入中国传统古建筑，形成中西结合的建筑风格，是雅安教堂建筑的一大特色。

哥特式建筑风格是11世纪下半叶起源于法国的一种建筑风格，其基本构件是尖拱和肋架拱顶，整体风格为高耸削瘦，其基本单元是在一个正方形或矩形平面四角的柱子上做双圆心骨架尖券，四边和对角线上各一道，屋面石板架在券上，形成拱顶。拜占庭建筑的突出特点是屋顶造型，普遍使用"穹窿顶"，在色彩的使用上，既注意变化，又注意统一，使建筑内部空间与外部立面显得灿烂夺目。

中西结合的教堂建筑，融入的中国传统建筑元素有四合院、天井、垂花柱、柱础、廊道、脊顶、小青瓦、浮雕等，这些元素主要用在辅助设施上。而做弥撒的地方，则采用哥特式和拜占庭建筑的风格，在教堂内部高大的梁柱和尖拱形的天花板、正面大门上的圆形玫瑰花窗以及高耸的尖塔等方面表现得十分突出。

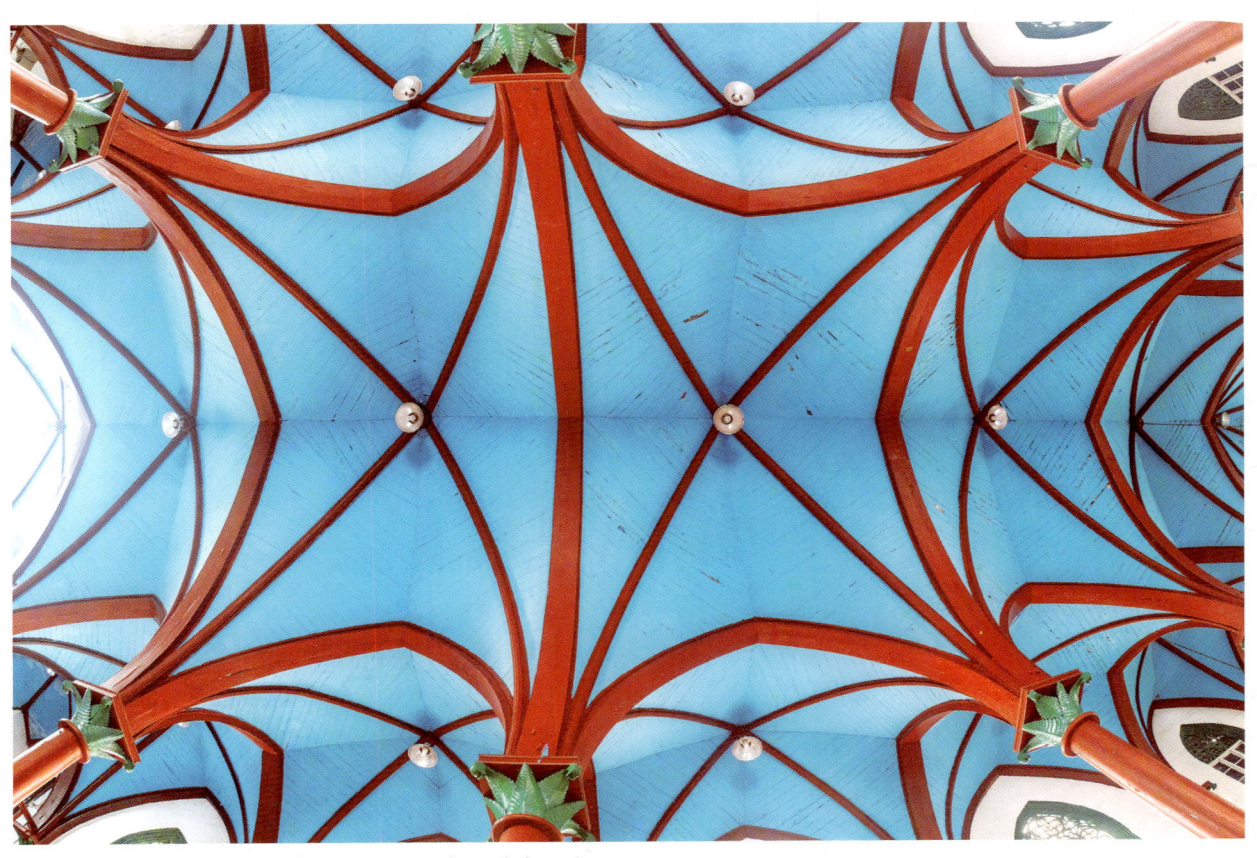

雨城区大众路天主教堂的穹窿顶，由红色和蓝色组成

杨家祠堂的正殿内景

# 祠 堂

  祠堂是祭祀祖先或先贤的场所，是儒家宗法礼制和血缘权力外化的产物，绵延千载，深深烙印于民间传统文化之中。在古代，民间不得立祠，只有帝王官宦才有资格修建祠庙，直到明代嘉靖年间"大仪礼之争"（1522年）之后才"许民间皆联宗立庙"。此后官民皆可奉祀始祖，新的宗族秩序在民间诞生，修建宗祠蔚然成风，故现今保留下来的宗族祠堂建筑，大多最早追溯至明清时期。

  祠堂的种类，从形制、规模和用途上一般分为庙祠、专祠和宗祠。前两者主要由官方设立。庙祠又称宗庙或太庙，是皇家纪念先祖和前代贤哲的地方，如孔庙。专祠是指为特定的人或神建立的祠宇，如芦山县的姜侯祠、汉源县的七姓将军总祠。宗祠包括总祠、宗祠、家祠和支祠，是同姓、同宗各支的宗族共建合祀先祖的祠堂，如天全县的杨家上祠堂、杨家下祠堂（杨家土司祠堂）和名山区的赵家祠堂。

  祠堂建筑其平面布局采用传统的中轴对称、纵深布设的方式，其纵向进深及横向路数，随祠堂规格、建造者财力及用地规模形态而变化。大部分祠堂有墙门、门楼、照壁、正殿、庑房、享堂，庄严典雅。雅安遗存下来的祠堂已不完全具备这些结构特征，赵家祠堂和杨家上祠堂为三合院结构，七姓将军总祠为三合院小天井式的民居形式，只有杨家土司祠堂保留比较完整。

祠堂具有祭祀祖先、助学育才、宣讲礼法、讨论族中事务等功能。新中国成立后，一些祠堂用作学校而继续承担过助学育才的功能。如今许多祠堂已经没有了联络宗族的功用，大多被改造成城市公园、村委会办公场所、村级文化活动室、老年活动中心等，承担起新的功能，发挥着新的作用。

## 文庙·字库塔

雅安地处西南隅，但重文兴学、尊师重教之风盛行，至今保存较好的一些文庙和字库塔就是明证。

文庙，又名孔庙、夫子庙等，是专门祭祀孔子的纪念性建筑，也是古代官学的办学场所。自汉武帝推行"罢黜百家、独尊儒术"的文化政策，儒家学说成为显学，修建孔庙之风随之兴起，到了明、清时期，每一州、府、县治所都有孔庙或文庙。雅安各区县明清以来的县志中都有文庙的记载（宝兴县和石棉县因建县较晚而缺少记载），目前遗存的文庙有3处，名山文庙和清溪文庙保存较好，雅安文庙作为一处遗址，仅存一座棂星门及护栏。

文庙建筑大到选址、布局、建筑风格、构造等，小到每一个图案、装饰，都体现着浓厚的儒家思想。地方文庙建筑遵循三进院落的礼制。一般万仞宫墙至大成门为第一进，大成门至大成殿为第二进，大成殿至崇圣祠为第三进。万仞宫墙是文庙最前面的主体建筑，起照壁、屏风

清溪文庙状元碑

的作用。圣域、贤关或礼门、义路位于照壁两侧，是文庙的出入口。棂星门是文庙建筑群中轴线上的牌楼式建筑，雕刻装饰较为精美。泮池（又称泮水），是地方官学标志，池边及桥上均施望柱、栏板。大成门（戟门）由正门与侧门构成，平时侧门开启，正门只有在祭祀孔子的时候才开启。大成殿是孔子的享殿，也是文庙建筑群最重要的建筑。崇圣祠是文庙建筑群最后一进院落中的主体建筑。雅安两座文庙的建筑布局以大成殿到棂星门间为中轴线，依次排列棂星门、泮池和泮桥、大成门、大成殿和崇圣祠。名山文庙的万仞宫墙、圣域和贤关门已不存在。清溪文庙的崇圣祠只有遗迹。大成殿与大成门间为四合院结构，两边为厢房（有的称庑房），设乡贤祠、名宦祠等，清溪文庙还设有鼓楼和钟楼。

一直以来，这两座文庙发挥着祭祀、教育和褒奖功能。名山文庙与名山中学融为一体，是全国现存少有的"庙在校内、庙校合一"的建筑群。

字库塔是古人因"敬天惜字，崇儒重书"而专门用于焚烧字纸的建筑，始于宋代，普及于明清，集中体现了人们对文化的尊重和崇拜。字库塔通常建造在场镇街口、道路桥梁旁边、书院寺庙之内，一些大户人家则建在宗族祠堂或自家院内。塔龛中多供奉仓颉、孔圣、文昌等神位，并配以相应联对、画像、图案等，有的还在旁边刻碑记载建造经过及捐资人员名单。字库塔造型庄重肃穆，样式别致精巧。雅安现存的5座字库塔，均为清代所建，分布于雨城区、名山区和芦山县等地，均为砖塔或石塔。层级最多的为名山区的文武庙字库塔。

## 牌　坊

牌坊的基本雏形为"衡门"，"横一木于门上，贫者之居也"，意为在两根木头柱子之间，搭一根木头横梁，这就是穷人住所的标志。《诗经·陈风·衡门》中描述："衡门之下，可以栖迟。"

牌坊在其发展过程中，引入阙楼的建筑理念，设立脊顶、飞檐、楼层、开间、斗拱、雀替等，基部用抱鼓石支撑立柱，形成气势宏伟的牌楼。历史上的雅安乡村，"坊""楼"制式并存。长期以来由于老百姓对"坊""楼"的概念不清，所以通称"牌坊"。在这些牌坊的立柱、额坊、楼顶等处，雕刻着大量的戏曲故事、吉祥动植物、楹联等，是研究古代建筑雕刻、书法、戏曲、文学等的珍贵实物资料，具有较高的历史、艺术和人文价值。

牌坊的种类，根据形式、取材、功能来划分，具有不同的名称和含义。雅安的牌坊虽少，但基本类型都具备。

从形式上分，牌坊有两类。一类叫"冲天式"，也叫"柱出头"式。顾名思义，这类牌坊的间柱是高出明楼楼顶的。雅安这种类型的牌坊主要有文庙的棂星门，寓意学子们一飞冲天、出人头地，十分吉祥。另一类为"不出头"式。这类牌坊的最高点是明楼的正脊，雅安的牌坊大多属于这一类。无论柱出头还是不出头，根据每座牌楼的间数（两柱之间的门洞称为间，正中的为明间，向左右扩展，依次为次间、稍间、尽间），可以细分为"一间二柱""三间四柱""五间六柱"等，雅安的牌坊涵盖了这几种形式。根据顶上的楼层数，可分为一楼、三楼、五楼、七楼、九楼等，九楼牌坊只在皇家建筑中才能见到。雅安牌坊楼层最多的为九襄石牌坊，共七楼。

清溪文庙棂星门为冲天式牌坊，冲天四柱如饱蘸浓墨的毛笔，上刻盘龙，寓意吉祥。宝顶为状元帽

从取材上划分，有木牌坊、琉璃牌坊、石牌坊、砖牌坊等。由于木牌坊易腐易燃难以保存，宋代以后相继出现石牌坊、砖牌坊、琉璃牌坊、木石混合牌坊、砖石混合牌坊等不同材质的牌坊。木牌坊和砖牌坊在雅安各有一座，分别为芦山县的汉姜侯祠牌坊和雨城区的节孝总坊，其余均为石牌坊。

从功能来划分，可分为六类。一是庙宇坊，即寺庙前面的山门牌坊，如雨城区碧峰寺前的山门坊、荥经县兴佛寺前的牌坊、名山区的三皇宫石牌坊。这类牌坊有的因寺庙不存而独立存在，有的因寺庙建筑残损而离主殿较远。二是功德牌坊，即为某人某事记功记德而立的牌坊。如芦山县五通碑（名称为碑，实为牌坊）是为修建鱼戏峡岩路而建，名山区三皇宫牌坊为纪念大禹治水而建。三是节孝坊，为旌表节妇烈女孝媳而建。如汉源县的九襄石牌坊、雨城区的节孝总坊和韩氏双节孝坊。四是标志坊，多立于交通要道、村镇入口，作为空间路段分隔之用。如雨城区的观音桥石坊为原水口老街的入街坊，也是洪雅到雅安的水陆道路交会点；雨城区的五里村节孝牌坊为洪雅县与雨城区的交界。五是宗族坊，即豪华家族兴建的专门牌坊，有光宗耀祖、光前裕后的功能。雨城区陈家山"九世同居坊"就属此类。据《中国现存牌坊文化遗迹的地域分布及成因》统计，全国建于民国以前的1045座牌坊中，宗族牌坊不足20处，足见这座"九世同居坊"的珍贵程度。六是陵墓坊，为陵墓前的墓门牌坊。这类牌坊比较多，有的在墓前单独修建，有的与坟墓连在一起修建，如宝兴县穆坪土司墓牌坊。以上六类牌坊的功能互有交集，同一牌坊身兼数种功能，如雨城区五里村牌坊既是节孝坊，也是标志坊。交集最多的当属宗族坊和陵墓坊。

## 古　碑

　　古碑是古建筑中的一种，同时也是寺庙、祠堂、陵墓等大型古建筑的重要组成部分。

　　碑在西周和春秋时是拴祭祀用的牲畜的石柱子。到了战国时期，成为辘轳系绳放棺木入墓穴的支架。殡葬结束，碑石留在墓地，有人在其上刻文纪念逝者，开始出现纪念性的石碑。东汉竖立墓碑之风盛行，石碑的上部凿有一个圆孔（叫作"穿"），这就是悬棺下葬用时留下的痕迹。雅安的高颐碑和樊敏碑上均可见到这种孔。

　　早期的碑不镌刻文字，称"无字碑"。东汉开始大量出现镌刻文字的碑石，碑的结构在此

樊敏碑的碑首

时得以成熟并基本定型，一般分为碑首、碑身、碑座三部分。上部为碑首，首中有额，主要用以书写碑名或装饰，有圭首、圆首、螭首、方首之别。樊敏碑即为圭首。明清以来遗留下来的碑，以方首居多。中部为碑身，主要刻碑文或题名。碑身的正面为碑阳，背面称碑阴，左右为碑侧。下部为碑座，起承重和装饰作用，其形制依其形态有方座、长方座、龟趺座（又称赑屃座）等。东汉时的樊敏碑即为龟趺座，建筑学家刘敦桢称其为"汉碑中独见之例"，后证实为南宋时补添。高颐碑雕刻着青龙白虎图的方形碑座确为汉代真品。之后年代的古碑，基本上都是长方形的素座。

　　雅安现存的古碑，以庙宇碑和陵墓碑居多，其功能主要是歌功、立传、记事。在同一碑上，这三种功能又相互交织。记事碑一般在捐资修建庙宇、祠堂、公路、桥梁等社会公益项目完工后树立，碑上记载事件过程和结束时间，写上捐资人名和捐资金额以及立碑时间，如"重修大相岭桥路碑""蓑衣岭碑刻"。记人碑一般是在人死后，在坟墓前树碑，碑上镌刻死者的姓名、生前事迹以及立碑人的姓名和立碑时间。也有只刻写碑名的，如"卫继故里碑"。

　　有碑必有刻。碑上的书法，多为当地有名望的文化人撰写，书法水平良莠不齐，但也不乏许多精品。如樊敏碑和高颐碑上的书法，都是汉隶精品，受到许多金石名家和书法大家的推崇和临摹。

　　古碑为一个地方区域历史文化的体现。雅安的一些古碑，还表现出许多红色文化和地方特

色文化，为研究地方革命传统和历史文化提供了难得的实物资料。如体现红军文化的"五通碑"，体现茶文化的"天下大蒙山碑""天目重修路道碑"，体现土司文化的"穆坪土司功德碑""格达桥碑"，体现贡椒文化的"朝阳寺古碑"等。

## 古建筑的保护利用

古建筑是先人们留下的珍贵文化瑰宝，具有历史、文化、艺术等多方面价值，既是研究某一阶段历史文化的重要实物资料，又是社会、文化变迁的见证。保护古建筑，势在必行。

近年来，雅安市各级党委政府遵循"保护为主、抢救第一、合理利用、加强管理"的方针，在城乡规划中将古建筑保护利用放在突出位置，促进古建筑保护工作基本实现3个转变。在保

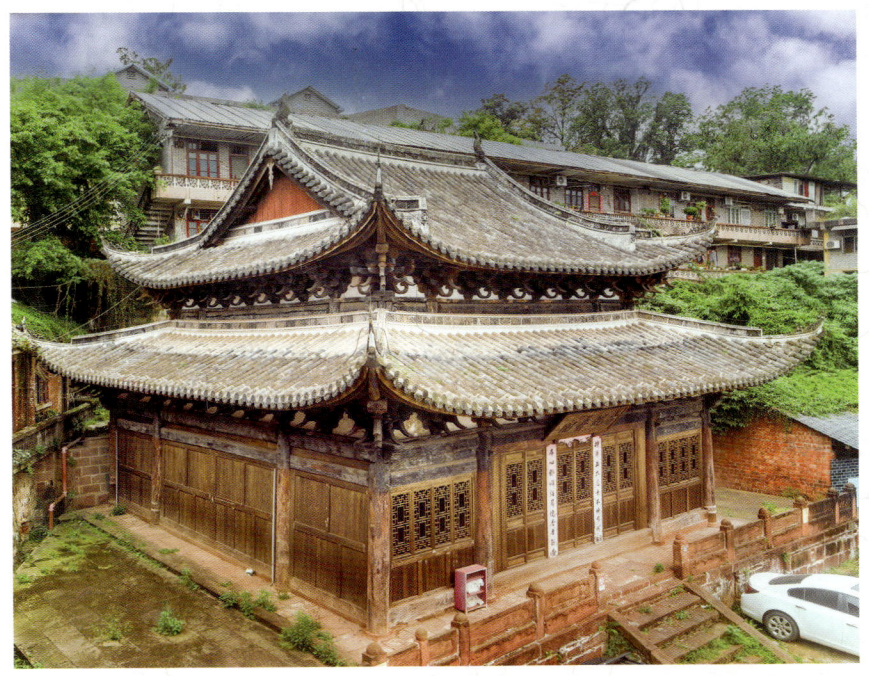

雨城区观音阁修缮前后对比，该修缮工程获"2014年度全国十佳保护工程"

护理念上，由抢救性保护为主转向抢救性保护和预防性保护并重，保护工作由被动逐步转向主动；在保护方法上，传统保护与现代信息技术应用相结合，由单一的实体性保护转向以实体性保护为主兼顾数字化保护的方式；在保护资金筹措上，由单一的财政投入为主转向财政和社会力量多方投入的机制，构建起政府主导、社会参与的多元保护格局。雅安市委、市政府专门制定《加强文物安全工作的实施意见》，印发《雅安市文物保护管理暂行办法》，做到古建保护有法可依、有规可循。层层落实古建保护责任，建立各级文物保护单位的"责任单位、责任人、保护范围"公布公示；在"4·20"地震灾后恢复重建中，实施文物抢救保护工程不可移动文物项目127个、茶马古道项目48个。保护工程的实施，使雅安市古建筑遗存精华得到了科学有效的整体保护，同时也培养和锻炼了一批古建筑保护和研究专业人才，推动了雅安古建筑保护研究水平整体提升，在挖掘内在价值、促进文旅融合、倡导全民保护等方面开创了新局面。

杨明江

# 汉阙

1939年10月20日，梁思成（左）、陈明达（右）测量雅安高颐阙

# 高颐阙

全国重点文物保护单位

## 建筑概况

### 高颐阙

该阙位于雨城区姚桥街道高颐阙公园内，建于东汉建安十四年（209年），是全国唯一集阙、瑞兽、神道、碑、墓于一体，保存最完整、雕刻最精美、内容最丰富的汉代葬制实体，1961年被列为第一批全国文物保护单位。

高颐阙的墓主人高颐，字贯方，曾任益州太守等职，因政绩显著，卒后被汉皇敕建阙以表其功。

高颐阙现为一保护整体，有墓、碑、神道、石兽（圆雕雌雄辟邪一对）。阙为双阙，均为子母阙。阙与墓相距160余米，东西阙相距13.2米。东阙残，现存基座和阙身，阙顶为后世仿制。西阙保存较为完整。

西阙为仿木结构石质建筑，由台基、阙身、阙楼、阙顶四部分组成。主阙和子阙并立在长3.3米、高0.64米、宽1.65米的台基上。主阙（母阙）高6米、宽1.6米、厚0.9米，顶的上部宽1.94米、下部宽3.8米、出檐0.6米。副阙（子阙）高3.39米、宽1.1米、厚0.5米。

阙基四周雕刻斗拱蜀柱，阙身上砌石五层形成楼部，南北两面交叉枋头的正中各浮雕一饕餮，南面的口衔鱼，北面的口衔蛇。转角处的大斗下均雕一力士，雄姿威武，背负楼部。楼部以上，用四石雕成五脊重檐的阙顶，正中脊部刻一鹰。副阙与主阙结构基本相同，楼顶均为庑殿式。

### 高颐碑

位于雨城区姚桥街道高颐阙公园内。通高280厘米，整体上削下丰，宽120~132厘米，长120厘米，厚26~30厘米。碑首为半圆形，中刻隶书"汉故益州太守高君之颂"两行10个字。上方刻浮雕两螭，沿碑首边线相倚东西各向，侧面仍为两螭沿碑首并列，头右尾左。碑首下方正中有孔，孔下有碑文18行，每行21字，全文共360字，字大小6厘米×6厘米。整碑置于碑趺之上，碑趺露出地面部分宽2米，长1.20米。上刻浮雕青龙与白虎，对蟠于趺之上方，各含绶带共牵一璧，尾相交于趺的后方。

高颐碑立于献帝建安十四年（209年）。宋代至和间（1054—1055）严道知县李纬建景贤堂时，从高颐墓地迁至其内保护。清光绪年间，重建景贤堂并改名为汉高孝廉祠。碑现在高颐阙旁，1961年与高颐阙一起，列入第一批全国重点文物保护单位。

## 保护沿革

民国29年（1940年），西康省修建西阙保护亭。1955年8月，西康省拨专款修建西阙保护亭。1961年3月4日，国务院公布"高颐墓阙及石刻"为第一批全国重点文物保护单位。1975年6月25日，高颐阙西阙保护亭被大风刮倒。1983年，维修西阙。1987年，维修高颐墓。在"4·20"芦山地震灾后重建中，建设玻璃顶钢结构，安装全天候视频监控系统，实行24小时无间隙监控保护。

汉 阙

高颐阙（西阙）

高颐阙（东阙）

汉 阙

高颐碑正面

## 典故传说

南宋以来，文化名人对高颐阙给予了高度关注。宋代的赵明诚、王象之，明代的杨升庵，清代的何绍基、黄云鹄，近代的鲁迅等，都在其专著中提及此碑。高颐阙被收录进《中国大百科全书》等大型书刊。许多海外游客、学者慕名而来。高颐阙还吸引了来自日本、丹麦、美国、加拿大等国的游客前来游览。

■ 何绍基考高颐碑

何绍基（1799—1873），湖南道州人，好游历，喜收藏，精于文字、考据之学，是一位诗、文、画、金石都十分精通的大家。其书法以隶书尤精。何绍基对隶书的学习除了临习，也进行了大量的考证和题跋的工作，曾于咸丰六年（1856年）考证樊敏碑、高颐碑，并有《高君碑》作品存世。

■ 谢阁兰首拍高颐阙

1914年6月25日前后，法国考古学者维克多·谢阁兰来到雅安，专程拍摄高颐阙。在一片长势茂盛的玉米地里，谢阁兰拍摄下了110年前的辟邪天禄石兽、高古雍容的石阙和头缠螭龙的高颐碑。

■ 鲁迅的珍贵收藏

1917年2月，鲁迅收到朋友王叔钧的高颐阙拓片，并在日记中记下："五日晴。午往中央公园，饭已赴午门阅屋宇，谓将作图书馆也，同行者部员共六人。王叔钧持赠《李业阙》拓本一枚，《高颐阙》四枚，画像二十五枚，檐首字二十四小方……"

■ 孙明经拍摄高颐阙

1939年8月17日，孙明经抵达雅安姚桥，并拍摄下高颐阙及周边环境，共拍摄照片18幅，其中11幅为特写和大特写，可见他对汉阙的重视和对细节的偏爱。

■ 梁思成测绘高颐阙

1939年10月20日前后，梁思成和陈明达来到高颐阙，详细勘测、绘画和拍照，记录下高颐阙当年的样貌。在《中国建筑史》《西南建筑图说》《中国古代建筑二十讲》《中国古代建筑艺术图集》等著作中，梁思成都对雅安高颐阙推崇备至。

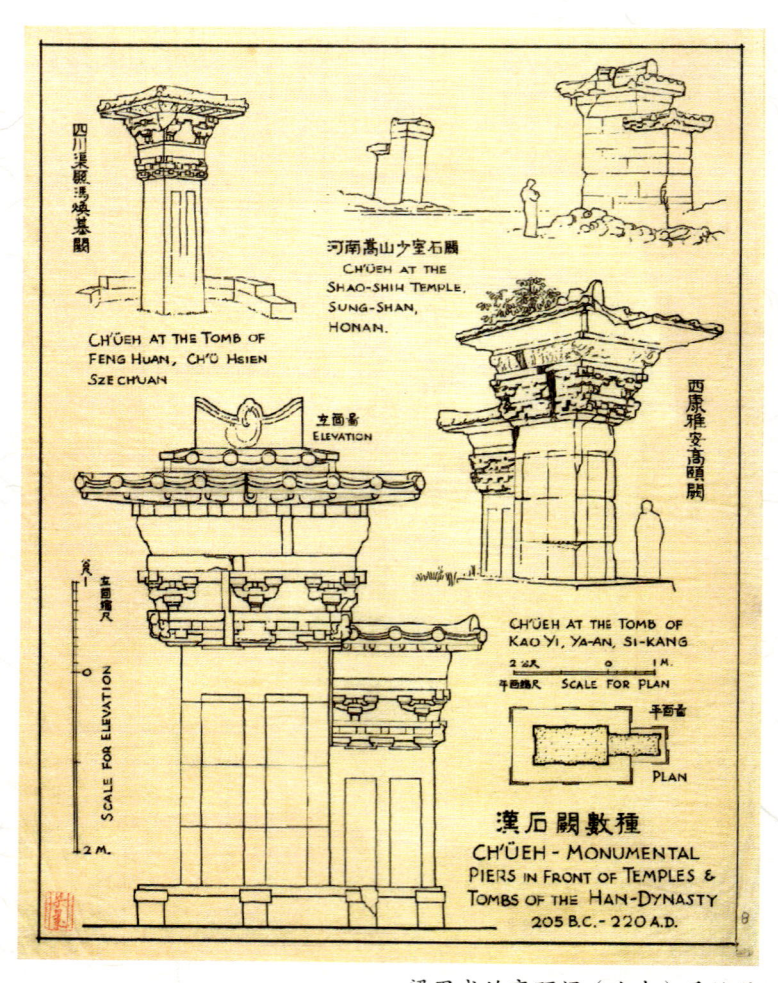

梁思成的高颐阙（右中）手绘稿

汉阙

谢阁兰 1914 年拍摄的高颐阙

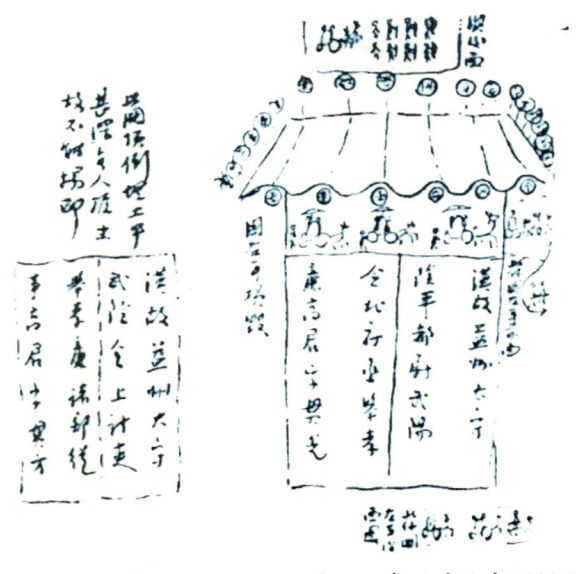

鲁迅手绘高颐阙图

孙明经 1939 年 8 月拍摄的高颐阙

清咸丰六年（1856 年），何绍基书高颐碑

## 特色看点

### ■ 千年石雕

据统计，西阙雕刻（除风化剥蚀无法辨认外）有人物30个，各种禽兽38个，花草树木、纹饰器物等20余种。阙身上除铭文外，还刻有车马出行图贯穿于正副阙身。南北两面中间立柱柱顶大斗处雕有衔鱼、蛇的饕餮，转角处雕有负楼的力士。斗拱之间浮雕内容有"张良椎秦皇""高祖斩蛇""季扎挂剑""师旷鼓琴"等历史故事，还有神话传说中的九尾狐、三足乌、黄帝遗玄珠、神荼、郁垒、吴姬天门、天马、飞黄、龙、虎等图像。雕刻画面所反映的历史故事、社会风俗等涉猎面广，内涵深刻。

### ■ 斗拱

西阙的第六层为楼部的开始，南北二面各雕大栌斗3个，共6个，承托着三层纵横相叠的枋。其上的斗拱层承托四周的枋，南北面各6朵，东西面各2朵，共10朵，均为一斗2升，各斗拱间为高浮雕图案。高颐阙粗壮笃实，以准确比例刻出斗拱、铺作、仿子头，与汉代建筑雄浑大气的特点一脉相承。

《张良椎秦皇》刻画了一个戴冠披甲的武士，双手拿大锤，正要抡向中间散斗下一条蜷曲的龙的瞬间

《高祖斩蛇》画面中刘邦斩蛇后一手枕头,另一手握剑,侧卧酣睡

高颐阙斗拱上的《师旷鼓琴》浮雕是目前关于春秋时期音乐家师旷的唯一遗存,《韩非子》《史记》中记载说师旷的琴声能呼风唤雨并招来禽鸟。画面中他全神贯注弹奏鱼头琴,另一人掩面哭泣,周围还有禽鸟相陪

左侧"九尾狐与三足乌"和右侧"三青鸟"的形象皆出自《山海经》,且都与西王母有关。据说九尾狐常立于西王母旁,是子孙兴旺和长寿的象征。与汉族神仙信仰有关的艺术创造中,神兽有翼,形态轻盈,人死升天的思想让远古神话中凶猛的兽鸟也有仙气。下左侧和右侧均为力士,其神态细致入微,让人不禁联想到诙谐的击鼓说唱俑,很有蜀地特色。下层中间为饕餮衔蛇。

车马出行图

### ■ 汉隶真迹

高颐阙的汉代隶书历年来受到金石学家的重视，是研究我国古代书法的重要实物。

西阙北面有阴刻铭文"汉故益州太守阴平都尉武阳令北府丞举孝廉高君字贯光"，24字分四行排列，隶书体。有专家鉴定此为后人所作。真正的汉隶字体在第十层的24个枋头上，是24字铭文"汉故益州太守阴平都尉武阳令北府丞举孝廉高君字贯方"，从南西至西北东排列，属汉隶无争议。在这里，能看到1800多年前的隶书真迹，也是一件十分快意的事情。

汉隶真迹"阴""平""太""守""阳""令"

雅安古建築·第一輯

# 樊敏阙

全国重点文物保护单位

## 建筑概况

　　樊敏阙位于芦山县城 2 千米处,地名石马坝,建造于东汉建安十年(公元 205 年),距今已 1800 余年,是东汉巴郡太守樊敏的墓前陈列物,于 1961 年列为省级文物保护单位。1988 年 1 月被国务院公布为第三批全国重点文物保护单位。

*芦山县东汉石刻馆内的樊敏阙、樊敏碑亭和龟趺座*

### 樊敏阙

该阙为扶壁式双阙。左阙阙身用九层方形巨石叠砌，石质为火成岩红砂石。左阙全高5.1米，宽2.25米，壁厚0.92米。全阙由台基、阙身、阙楼、阙顶几部分组成。顶脊正中雕镂一雄鹰、嘴含绶带。阙檐为汉代出檐式筒瓦建筑造型，檐口刻有瓦当，无字。檐下斗拱层上有浅浮雕组图，高0.68米、宽1.4米，现存浮雕为云南古哀牢国九隆王其父"龙生十子"故事。斗拱层高0.35米，四角刻有力士举双臂托付，显示出力能擎天的雄伟气概。主阙左侧的子阙斗拱层中尚存一有龙虎座的西王母图像，其余造型与主阙近似。全阙气势磅礴，造型雄浑，人物生动，构图协调，展现了汉代精湛的石刻工艺。

樊敏阙为扶壁式子母阙

## 汉阙

### ■ 樊敏碑

碑高 2.93 米、宽 1.2 米、厚 0.26 米。碑额为圆圭首形，碑首上削下丰，嵌峙于巨石龟背上。上端圭首浮雕为双螭交曲环拱形，拱下穿上镌刻"汉故领校巴郡太守樊府君碑"12 字，双行立排，篆书。碑身正面碑文为 558 字分列 22 行，均为八分隶书；字迹至今尚可辨识，漫漶无识者仅 10 余字。背面碑首仍刻双螭，与正面同式，但拱下无字，仅于拱内刻一朱雀。碑阴上穿下刻跋文二：上列为南宋丘常隶书跋文，14 行 135 字；下列为南宋程勤懋真书跋文，14 行 155 字。碑文内涵广博，书法镌刻艺术精湛，自宋《金石录》《隶释》传世以来，对其研究著述者数十。碑座为一巨大石龟，首偏右。碑身前方右下侧落款处损坏部分"盛息懆书"四字已不可见。

樊敏碑的龟趺座

樊敏碑正面

## 典故传说

**■ 汉碑孤例**

1939年10月23日，营造学社梁思成、刘敦桢、莫宗江、陈明达一行考察樊敏碑时，发现其碑座与其他汉碑相比尤为有特色，座为赑屃，此为汉碑孤例。刘敦桢在他的日记写道："后出南门，转东渡铁索桥，见东汉末樊敏手碑。碑西向，偏北约12°30′，下承赑屃，乃汉碑中独见之例。"这一判断与梁思成的一致。他还根据赑屃和碑身的风化程度、凹槽外立面等特征，断定此赑屃为南宋维修时按"修旧如旧"的原则精仿的。

梁思成于1939年拍摄的樊敏碑，当时已修一瓦舍保护，房舍的下部为石墙，负碑的赑屃为南宋时仿制。虽历经1000多年，但其鼻子、眼睛等仍十分清晰

■ 康有为盛赞樊敏碑

《广艺舟双楫》为清末康有为所著的中国书法专著,对中国清代及以前书法作了总结,对后世影响极大。书中关于汉碑描述很多,芦山《樊敏碑》在书中被多次提及,如"《樊敏碑》为刘惇书,虽非知名人,然已工绝如此""《樊敏碑》……体格很高,有《郙阁》意"等,并赞其为"如明月开天,荷花出水"。

■ 清拓东汉樊敏碑册

为故宫博物院珍藏。册页21开,每开纵34厘米,横38厘米。樊敏碑在宋以后佚失,清道光年间重现。此本即为原石重现后所拓,字迹较一般旧拓本清晰。第十六行"楷模"之"楷"字,第十七行"大选"之"大"字不损,即世所谓"大楷未损本",较为珍贵。此册为马衡先生捐赠品,封面有马衡先生题签,每页上裱边有马氏隶书释文。杨振方在其《碑帖叙录》中评价此碑:"石质粗而锋芒多杀,无从定其笔法高下,而一种古穆之气终不可磨灭。"

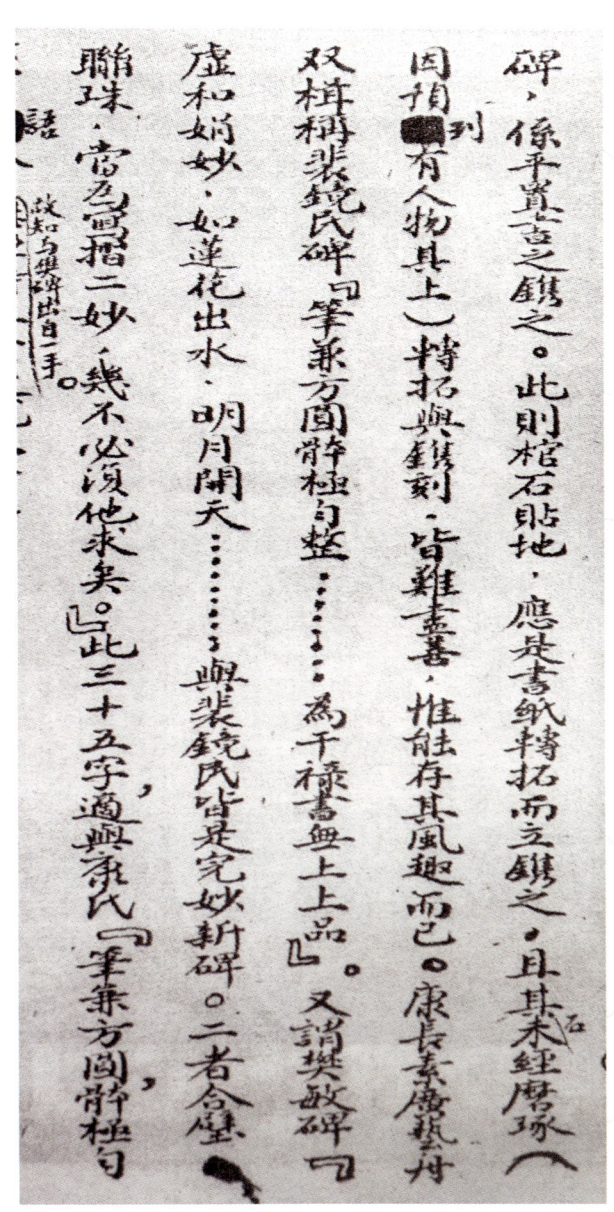

康有为点评樊敏碑文

"清拓东汉樊敏碑册"珍藏于故宫博物院

## 特色看点

**■ 石刻精品**

樊敏早年在青衣羌国任国丞10年，后任巴蜀太守。当升为司徒时，却因战乱未能到任，在太守职位上结束了自己80多年的人生。樊敏曾当过古哀牢夷故地永昌郡（今云南保山市）的长史，因此，樊敏阙上除了两面分别刻有"西王母""玉兔"等神话题材图像外，主阙檐下正面专门以浅浮雕形式雕刻了云南古哀牢国"龙生十子"的故事图像和象戏图，在石雕内容上突破了采用历史典故故事的藩篱。

《象戏图》左侧为一大象的前半身，象头前为一组戏象的人物，接着为一棵大树，树下和树旁边聚集一些或坐或站的人物，好像在观戏一样。整个画面人物形象生动活泼

雕刻于斗拱间的西王母图

力士

刻于斗拱间的"玉兔"

■ 墓前神兽

辟邪神兽共两具，均高1.45米，长2米，宽0.63米。一具为雄性，前爪抚蟾蜍；一具为雌性，前爪抚蟹。二神兽首似虎，有双翼，做挺胸昂首迈步向前的雄姿，风格浑厚质朴，具有矫健威猛之气势。二神兽造型取材于《山海经》。其前爪所抚之蟾蜍、蟹源出"嫦娥化蟾蜍""女丑有大蟹"。

梁思成1939年拍摄的樊敏墓前石兽

# 芦山无名阙

## 建筑概况

出土于芦山县芦阳街道乐家坝（原名石箱村），现保存陈列于雅安市博物馆内。该阙为一残阙，只有台基、阙身和阙顶。阙身四层，为整石四块累叠而成，正背面雕凸起双门式门枋，为阙楼阑额以下的壁身部分。墓阙主人及其他信息不详。专家推算，该阙估计建于东汉建安年间（196—220年）。

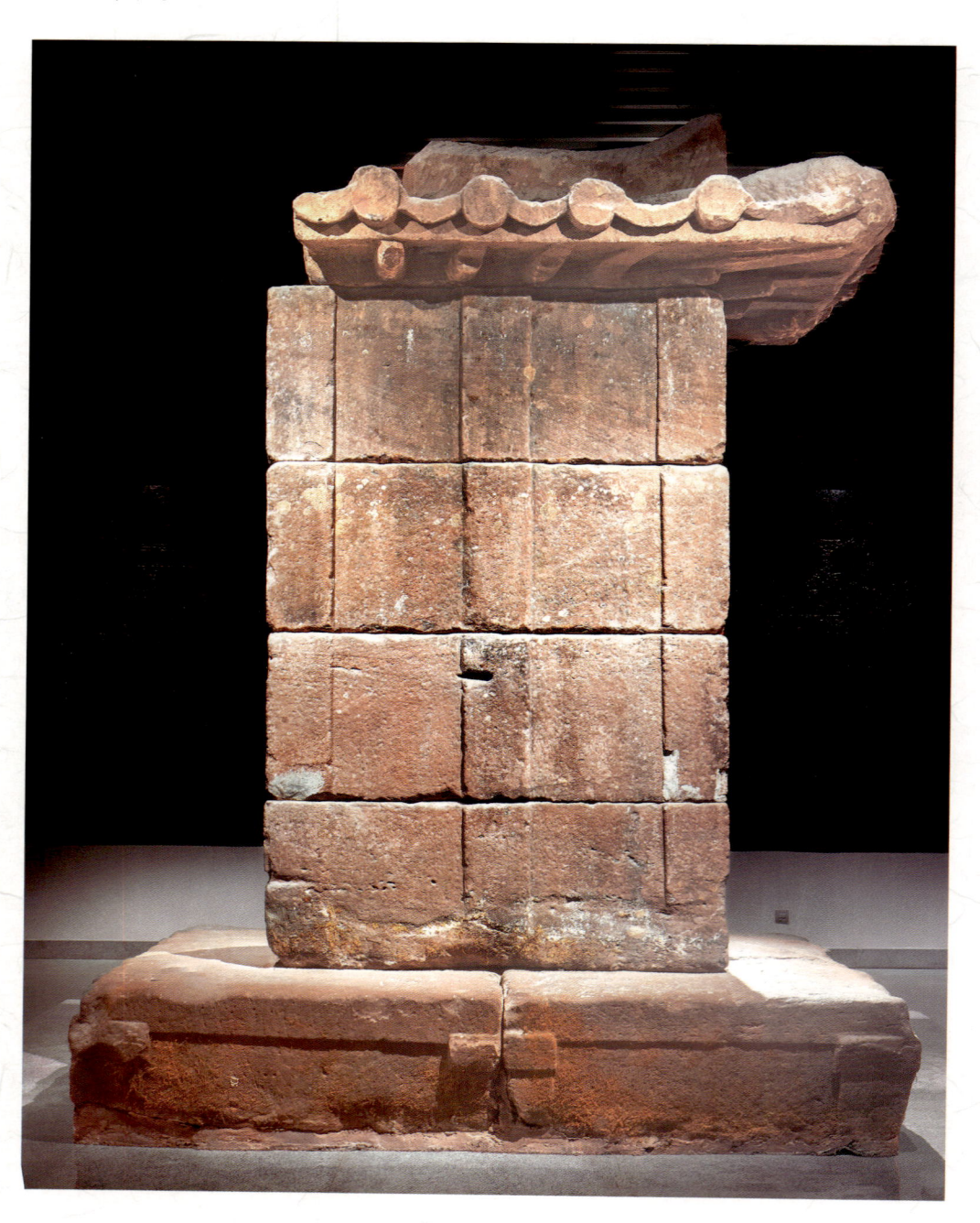

## 寺庙

梁思成1939年10月拍摄的芦山县广福寺,图中可见当时已很破损,20世纪90年代搬迁到佛图山上

# 观音阁

全国重点文物保护单位

## 建筑概况

观音阁位于雨城区县前街194号，因位于月心山（今苍坪山）下，故又名"月心阁"。

观音阁坐西南向东北，为重檐七檩歇山顶抬梁式建筑，上下檐施五踩重昂品字斗拱。观音阁面阔三间12.16米，进深三间11.52米，满堂用16柱，大殿面积140平方米，殿内有一古井，又名龙井。前檐明间的匾额为民国时期雅安县长徐思执书"古观音阁"。素面台基东西长23.6米，南北宽15.86米，台基高1.6米，占地面积375平方米。台基前沿立有石质栏杆，台基正面有6块石碑，记录了观音阁在明清时期的维修情况。

观音阁是雅安城区内唯一留存的明代古建筑。其建筑精工，造型优美，是雅安市历史文化名城的重要标志。观音阁整个建筑不见钉铆，严谨坚实，建造工艺达到相当高水平，虽历经几百年风雨而有垮塌、损毁，但其历史、建筑和科学价值依旧较高。1954年9月7日，由西康省民政厅、文化处调查鉴定其为具有重大价值的文物保护单位。2013年5月，观音阁被列入第七批全国重点文物保护单位。

## 历史沿革

观音阁始建于明洪武十七年（1384年），天顺元年（1457年）至正德九年（1514年）重建。清康熙四十四年（1705年）维修扩建，后经乾隆、嘉庆年间培修、改建、扩建，终成三重殿及厢房数十间的规模，在清末和民国初年仍有维修，并扩建两侧梢间及前檐廊，现仅存大殿。2014年在"4·20"芦山地震灾后恢复重建时大修，但主体木结构仍为明代遗存。

寺 庙

修缮后的观音阁

观音阁内景，梁架结构呈"井"字形，四根硕大的金柱支撑起整个大殿

寺庙

## 特色看点

### ■ 梁架结构

观音阁为重檐歇山屋顶，上檐檐柱不落地，而是作瓜柱落在下檐檐柱和金柱之间的双步梁上。观音阁为典型的井字形结构，四根金柱形成内圈，其余檐柱形成外圈，金柱与相邻上下檐柱间均用挑尖梁和随梁相连，与角柱之间则只设斜梁，无随梁。前后金柱上承五架梁，五架梁上设前后瓜柱以及三架梁，三架梁上用脊瓜柱和叉手，脊瓜柱两侧设角背。三架梁与五架梁梁头不用斗拱，由柱子直接支撑。五架梁下设随梁两道，左右金柱之间，顺身方向前后均设置下金枋三道，其中，下两道下金枋高度与五架随梁接近，即四根金柱之间，通过随梁和金枋拉结形成了稳定的内圈结构。

### ■ 龙井

清乾隆《雅州府志》记载："观音寺，治南月心山下，又名月心阁，阁内有泉甘而且冷。"民国《雅安县志》中也有记载："阁后有泉极甘冽，相传有龙潜此，又名龙井。"如今此井尚在，已有600多年。井沿呈八角形，略高于地面，井中泉水仍清澈见底。

呈八角形的古龙井

037

观音阁的斗拱形制，上檐斗拱中用卷鼻昂，下檐斗拱通用双面曲昂，此为观音阁斗拱的特色

### ■ 斗拱

观音阁的斗拱在补间、柱头和转角处都为五踩重昂；下檐补间斗拱在明间用四朵，次间用一朵。上下檐斗拱在昂的形制上相同而具体做法上略有不同：上檐斗拱头昂为卷鼻昂，昂头端部抵在二昂华头子下方，仅二昂样式与下檐相同；下檐斗拱头昂与二昂相同，昂上下两面均作曲面。

修复时新旧材料的综合利用

### ■ 文物修复的典范

"4·20"芦山地震后，雅安修缮观音阁。国家文物局领导率专家实地考察，鉴于观音阁重要的历史文化价值，要求中国文化遗产研究院承担测绘、设计和维修方案。维修中，雅安市对文物本体纠偏、构件更换、剔补、屋面整治及周边环境治理；添置安防、消防和避雷设施等。观音阁修建时所用木材经四川农业大学专家鉴定为桢楠。按照文物修缮原则，此次维修工程在保留老构件的基础上，新材一律采用珍贵的桢楠木。观音阁维修中采用整体落架的方式，拆卸直径达四五十厘米的桢楠柱子6根，并安装下檐斗拱和檩条、修整台基等。维修期间国家文物局委托故宫博物院、清华大学古建专家亲临现场指导。修缮工程获"2014年度全国十佳文物保护工程"。

转角处的柱上斗拱，柱头为桢楠木

039

# 青龙寺大殿

全国重点文物保护单位

## 建筑概况

青龙寺大殿位于芦山县龙门镇青龙场村，始建于元代。原青龙寺前两侧有厢房，中有钟鼓楼，前有文昌宫。现仅存大殿和门枕石鼓两个，石上刻有"大元至正九年"等字。青龙寺大殿为四川省内现存少数元代建筑中有准确铭文纪年的古建筑。虽经明、清历次维修，仍基本保持原建筑时代特色，是研究元代古建和地方佛教文化史的重要实物。

大殿坐西向东，面阔三间，进深四间，均为14.95米，通高8.8米，建筑面积234.09平方米。素面台基，长宽均为17.2米，高0.9米，有垂带踏道。

青龙寺于2006年被国务院公布为第六批全国重点文物保护单位。

青龙寺大殿门枕石鼓

青龙寺大殿

寺 庙

## 历史沿革

青龙寺现存的两个门枕石鼓上刻"大元至正九年"等字。殿上屋瓦的凸面戳印或刻有"至元一年（1264年）""至正十二年（1352年）壬辰""至正十三年（1353年）"等年号。2018年，成都文物考古研究院古建研究所通过红外摄影技术发现殿内题记"维大明正统八年岁次癸亥二月仲春丁亥朔二十六日明星黄道吉辰重新竖立青龙寺宝殿一所"，证实大殿为明正统年间维修重建。

1986—1990年，文保单位对青龙寺进行修缮时加固了台基，复位偏斜屋架，剔补糟朽构件等。2008年"5·12"汶川大地震后，雅安对青龙寺大殿进行大修，复原元代风格。2009年，对青龙寺大殿赋存环境进行整治，修建院墙、管理用房四合院、配套建筑、主次入口大门、景观园林等。2013年，"4·20"芦山地震后，对青龙寺大殿本体作局部抢险检修和配套建筑抢险修缮。

2018年8月新发现的青龙寺大殿纪年题记

大殿前檐斗拱

檐下斗拱

## 特色看点

### ■ 斗拱

青龙寺大殿檐面施五铺作斗拱九朵，明间补间铺作三朵，次间补间铺作各一朵。斗拱用材完全按宋《营造法式》所规定用材，十分标准，拱下宋、元时期建筑特点明显。正面和侧、背面的斗拱结构有较大区别。大殿正面的斗拱十分繁复，还有一些木雕装饰；大殿侧面和背面，斗拱结构和用料都相对简洁。

侧面斗拱

抬梁式内部构造

■ **梁架结构**

大殿坐西向东，为歇山式屋面，抬梁式架构。建筑采用八架椽屋四椽栿前后乳栿用四柱，面阔、进深均为四间，平面呈正方形。屋面举折平缓，翼角有虾须椽，内柱直径56厘米，素面覆盆式柱础。

寺庙

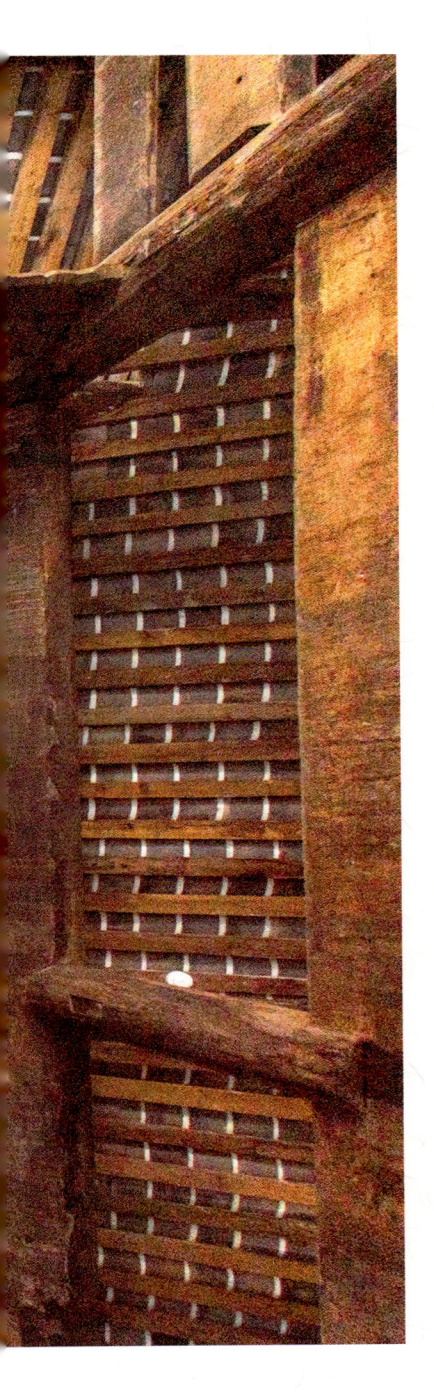

单檐歇山式屋面一角，正脊及鸱吻、垂脊及垂兽、戗脊及戗兽、飞檐及其上面的仙人骑兽等是主要构件

柱顶结构

045

# 开善寺大殿

全国重点文物保护单位

## 建筑概况

开善寺，位于荥经县严道街道，为明代木结构建筑。原寺庙规模宏大，由天王殿、观音殿等六殿组成，另有许多附属廊房供朝山起香的人休息或住宿。现仅存正殿，建于明成化十八年（1482年）。开善寺取自此开始行善之意，又因其为开山朝拜瓦屋山辟支佛道场光相寺的起香殿，故又称"开禅寺""开山寺"。

开善寺正殿屋顶为单檐歇山顶。屋脊上有各种脊兽装饰，其中正脊下饰悬鱼，正脊正中施宝顶，两侧施透雕朝向宝顶的行龙和舞凤，正脊两端施鱼龙吻

开善寺正殿坐南面北，平面呈方形，面阔三间，通面阔14.45米，进深三间14.55米。抬梁式木构架，9樽，通高10.55米。正殿屋顶为单檐歇山顶，铺小青瓦，垂脊较长，前端不施垂兽或靠背，直接与戗脊相连。山面与山花相交处不覆瓦脊，而在博封板里侧施以木袱，木山花紧贴博封板。开善寺正殿节点采用榫卯、鎏金斗拱连接的方式，有侧脚和升起，为四川地区典型明代建筑。其梁架伸缩性和稳定性良好，"5·12"汶川大地震中未造成结构性的损坏，是建筑物抗震研究的重要实物资料。

寺庙

开善寺大殿立柱与檩、枋间连接结构图，殿内外的十六根立柱均以素抱鼓式柱础托起

开善寺大殿内部结构。殿内中央立着四根方形楠木金柱，是开善寺中最高的，其粗壮远甚于外墙四周的十二根柱头

## 特色看点

### ■ 额枋浮雕

额枋为两柱之间起联系和稳定作用的横木或与梁垂直方向的穿插木质构件，断面一般为矩形。有些额枋是上下两层重叠的，在上的称为大额枋，在下的称为小额枋。开善寺正殿额枋非常精美，采用了浮雕技法雕刻龙、凤等形象。枋心雕刻二龙戏珠，次间雕刻凤。雕刻于粗犷中见细微，龙牙、龙鳞都细致清晰，非常逼真。

### ■ 斗拱

开善寺最引人注目的便是它华美的斗拱。檐下施七铺作鎏金斗拱，四周共施鎏金斗拱28朵，雕刻精美。明间施补间斗拱2朵，次间施补间斗拱1朵。雕花斗拱构造繁复、雕刻精美、规模宏大，突出部分雕刻成象、龙等形状，栩栩如生。

下两图为两次间阑额上浅浮雕的两只凤凰，一只飞向太阳，一只飞向月亮。凤头所指，一只标明"日"，一只标明"月"，表示"凤凰于飞，日月齐天"，祈福生活幸福美满之意

明间阑额为一整圆木，上以高浮雕手法雕刻两条出水蛟龙，飞身夺珠，瑞气腾腾，矫短的身材与绵绵不绝的瑞气，与其他地方的"二龙戏珠"截然不同

飞檐和斗拱

斗拱外翘的昂和基部突出部分的龙、凤雕刻，分别称为"龙形斗拱"和"凤形斗拱"

雅安古建築·第一辑

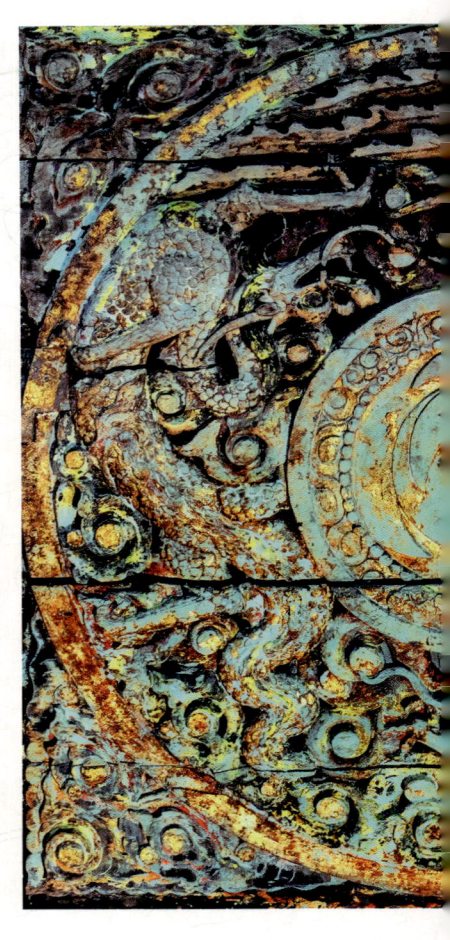

九宫格天花全貌

052

寺 庙

三方精美的圆光天花

■ 天花

天花也称藻井，是古建筑室内的一种顶棚，起美化、遮挡尘土、冬季保暖、夏季隔热的作用。开善寺正殿的天花共有九格，现存三方基本保持原有概貌，可一窥初时风采。天花上以透雕技法雕刻出二龙一凤或双龙双凤，彩绘施金，围绕在居中的圆宝周围，尤为富丽堂皇。

开善寺天花采用贴金箔工艺，在刷的鱼鳔胶干后，刷五遍白铅粉，再刷五遍土朱铅粉，形成比较厚实平整的浅土红衬地。然后再用薄胶水贴金，用绵压实，再用光洁的玉或玛瑙斫光。

# 蒙山禹王宫

全国重点文物保护单位

## 建筑概况

禹王宫位于名山区蒙顶山镇蒙山村，地处蒙山天梯南面，坐南向北，总占地面积约1270平方米。其中大殿占地约450平方米，于1985年由城区西大街迁于现址。禹王宫始建于清同治元年（1862年），四合院落布局，由正殿和两配殿、前门组成。重檐歇山顶，穿斗式架梁。正殿面阔三间13.48米，明间5.16米，次间3.66米，进深三间，7.01米。前有一步廊1.2米，通高13米。红砂石素面台基，长19.6米，宽12.1米，高0.35米。

禹王宫是为纪念禹王治水功成，为登蒙顶祭天在此休息建造。现仍保存的大殿为清同治年间建造，结构典雅，庄重古朴，为清代建筑艺术研究提供了实物资料。1985年12月，禹王宫被列为县级文物保护单位；2013年5月被列为全国重点文物保护单位。

正殿二楼的廊道和"牛腿"

寺 庙

禹王宫全貌

雅安古建築·第一辑

掩映于桢楠群落中的金凤寺

# 金凤寺

省级文物保护单位

## 建筑概况

金凤寺位于雨城区姚桥新区金凤山上，占地面积750亩（1亩≈666.67平方米），建筑面积1万多平方米。原为茶马古道旧址，藏汉交流咽喉，现为省级文物保护单位，是"雅安八景"之一。

金凤寺以最早修建的大雄殿为中轴线向四周扩建。前为宗喀巴大师殿、地藏殿及天王殿，后为观音殿，左侧为财神殿、罗汉堂，右侧是达摩祖师殿，融汉传佛教禅宗、净土宗，藏传佛教格鲁派"三宗"于一寺。建筑规模宏伟，为典型的清朝川西民居庭院式风格。该寺为雅安保存最好的寺观型建筑群之一，为研究明、清及民国时期的宗教建筑和佛教文化提供了宝贵的实物资料。

## 历史沿革

金凤寺历史悠久，始建于唐贞观年间，兴盛于宋。明弘治年间增添亭台、楼阁、莲池水榭。清同治年间修"揽辉""望月"二亭。抗战期间建牌坊，1987年修建罗汉堂。

金凤寺初名石龙寺，因山前古冰川刨蚀绝壁蜿蜒如龙而命名。后因石崖下形似凤，且百年无花之荷花池于道光二十年（1840年）忽大放莲花数百朵，故更名为莲花寺。后又因寺院位于形如凤飞的金凤山，而荷花池轮廓又似凤，故更名为金凤寺至今。

大雄殿的斗拱是其特色之一

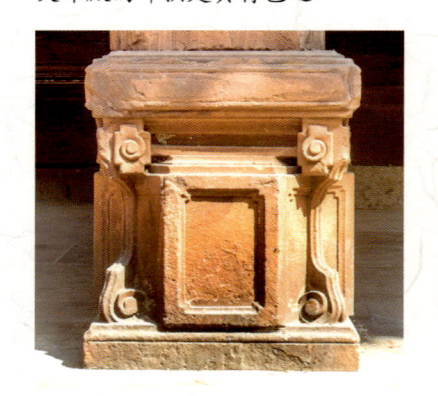

金凤寺内各大殿的柱础各不相同，大雄殿和观音殿的柱础尤具特色，以寿字柱础居多

## 特色看点

### ■ 大雄殿

该殿建于明朝永乐年间，距今已600多年，仍巍然屹立，保存完好。该建筑为歇山式屋顶、抬梁穿斗木石结构，八架椽屋四椽栿，前后乳栿劄牵用七柱，面阔三间13.2米，进深13米，通高8.5米。柱径0.34米；鼓形柱础，直径0.45米。素面台基，高1.3米。垂带式踏道，宽3米，7级。殿门匾额"大雄殿"三字为清朝雅州知府黄云鹄手书。

观音殿廊檐石柱

■ 观音殿

从嘉庆年间开始修建直至民国初年竣工，历时一百多年才修建装配完毕。一楼一底，两道重檐，以木石为主体建材，穿斗结构，门窗镂雕花纹，栩栩如生。石柱、石楼板、飞檐翘角别具特色，石柱上的四副楹联蕴含哲理，耐人寻味。整个殿堂气宇雄伟，具有典型的明、清风格。

揽辉亭，建于清同治十一年（1872年），由时任雅州知府黄云鹄倡议修建。该亭呈四方形，为歇山式重檐木石结构建筑，由10根圆形木柱、四根四边形大石柱、六扇木窗和木屋顶构成。上图左为20世纪80年代的揽辉亭，右为现在的揽辉亭

### ■ 园林风格

金凤寺绿树掩映，古木参天。周边的亭台楼阁、廊坊水榭错落有致。寺内古典园林环境和建筑绘画艺术别具一格。揽辉亭、翡翠亭、浴鹿池、月亮池和后花园等建筑精品被《中国寺庙园林环境》一书列为散点布局的典范。

### ■ 精美艺术

该寺庙集雕刻、书法艺术于一体，精美壁画题材丰富，有人物、动物、花卉、神佛等，图像色彩斑斓，绚丽多彩。楼阁廊檐工笔细刻，明、清时期的门窗镂雕、壁画、石雕等工艺精湛，体现了明、清艺术的独特风格。大雄殿前天井中有一雕刻于道光二十九年（1849年）的石缸，浮雕工艺，镶刻嵌名"荫凤池"。缸上有"八仙过海""二龙戏珠""凤穿牡丹""鹿鹤同春""五福临门""富人赏花""太公垂钓"等图案。

大雄殿外的石缸正面，上书"荫凤池"三字，上方左右两边分别为"八仙过海"，下方为"二龙戏珠"

寺庙

颇具特色的窗棂浮雕

裙板壁画

061

# 蒙山天盖寺

省级文物保护单位

### 建筑概况

天盖寺位于蒙顶五峰之下，地处蒙顶山顶中部，坐北向南，占地面积983平方米，为四川省省级文物保护单位。天盖寺因史载蒙顶山雨偏多，俗称漏天，故以"漏天之盖"而得名。寺僧分工专评"贡茶"。

天盖寺整个建筑保存完整，后有维修。据传，西汉吴理真结庐于此植茶。宋淳熙元年（1174年）时重建，专管蒙山禅茶评比。清雍正七年（1729年）重建。民国初年（1912年）增建层楼。2004年维修。

天盖寺建筑为穿斗式歇山顶木结构，前檐廊，素

寺庙

大殿的石柱、雕花的牛腿和额枋

天盖寺大殿雪景

面台阶，垂带踏道五级。面阔五间23.20米，进深六间12.42米。正殿塑吴理真全身坐像，四周绘有仙茶传说的壁画；右塑茶圣陆羽；左塑宋朝雅州知府雷简夫。殿内陈列历代茶具和有关文史标本。四周为旅游接待设施及茶楼、茶座。建筑正前方为空旷地带和12株参天古银杏。

永兴寺全景，掩映于青山绿树之中

# 蒙山永兴寺

省级文物保护单位

## 建筑概况

永兴寺位于名山区蒙顶山镇蒙山村。该寺坐北向南，占地面积约6000平方米，主要由山门、天王殿、石殿、大雄宝殿、观音殿等建筑组成。整个建筑群保存了从明代至民国时期的建筑，为研究古代建筑艺术提供了实物资料。2007年6月，永兴寺被列为四川省第七批省级文物保护单位。

永兴寺历史悠久，始建于唐（一说三国时就开始修建），盛于宋。唐时，意取"蒙山之龙脉"名龙泉院。明天启年间重修，以"院脉流泉"于蒙山，取名蒙泉院。清乾隆四十七年（1782年）维修，取"续祥灯于不坠，永兴兴永遐昌"之意更名永兴寺。寺内存《蒙山施食仪》，录入"《禅门日诵》，是诸方丛林寺庵，为日间晚课必背课诵仪轨"。

## 典故传说

**■ 黄云鹄梦石赋诗**

黄云鹄任职雅州期间，与永兴寺住持道乾交好。清同治十一年（1872年），黄云鹄宿永兴古寺，夜梦巨石，现"千祥云集"四字，遂题书之，并撰文以明缘起，同治十二年（1873年）刻于山门照壁正面，今保存完好。黄云鹄与道乾过从甚密，对永兴古寺护持得力。今石殿内存有黄云鹄"建昌道黄谕"、对联多副，另有"永兴寺石楼月下吹箫诗"之碑石等。

寺庙

"千祥云集"石刻,上有黄云鹄题写的题书缘由

黄云鹄题"永兴寺石楼月下吹箫诗"

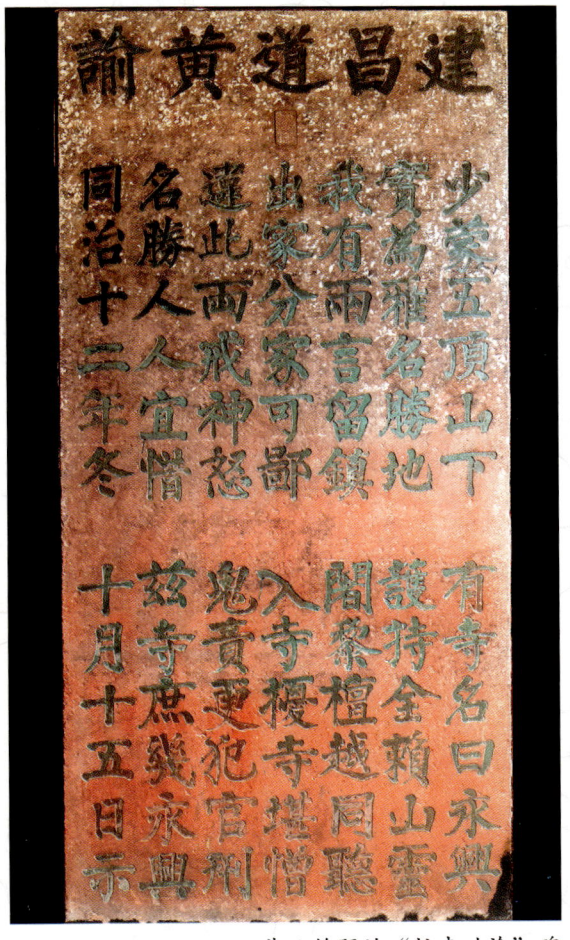

黄云鹄题的"护寺劝谕"碑

065

永兴寺山门由石屏风、石牌坊、木山门组成

## 特色看点

### ■ 别致的山门

永兴寺山门由木结构山门、石屏风、石牌坊组成。山门面阔三间10.9米，明间3.9米，次间3.5米；进深3间，6.9米。石牌坊宽2.9米，深0.35米，上有精美人物、动植物和书法雕刻。石屏风正面为黄云鹄题刻，后为寺庙题记。牌坊下的瑞兽，内两个为狮子，外两个为大象，在寺庙山门中不多见。

### ■ 白石古楼

该楼建于清乾隆五十六年（1791年），据文献记载是"全国仅存的两座石殿之一"。石殿为一楼一底，屋面盖青瓦，梁架上有彩绘，面阔3间13.27米，明间4.45米，次间4.42米，进深4间9.3米，有廊。殿前有垂带踏道，殿后有二垂带石梯可登二楼。

永兴寺照壁和牌坊上的精美雕刻

白石古楼的底层外景，四周的石柱由雕花的14墩抱柱石支撑，额枋、楼板和檩子全部为石头

白石古楼的底层内景，宽敞的大殿用四根硕大的石柱支撑

# 蒙山智矩寺

省级文物保护单位

## 建筑概况

智矩寺位于名山区蒙顶山镇蒙山村。寺僧分工专制"贡茶"。该寺坐西北向东南，现仅存大殿，占地面积约196平方米。该殿始建于明，清代维修，梁架为明代构建，为穿斗式木结构建筑，面阔五间18.8米，进深四间15.69米，明间5.4米，次间3.25米，稍间3.45米。通高1.5米。前有一步廊。重檐歇山顶，三素石台阶。该大殿整体完整，保存较好，具有较高的历史和艺术价值，为研究古代建筑艺术提供了实物资料。2007年6月，该寺被确定为四川省第六批省级文物保护单位。2013年"4·20"芦山地震地震时受损，2014—2015年维修。

2014年以前的智矩寺正面

2015年的智矩寺俯瞰全景图，正殿屋面为典型的重檐歇山顶

寺 庙

智矩院内景，四根石质金柱支撑整个大殿

### 特色看点

■ **大殿石柱**

智矩院大殿内供奉茶祖吴理真像。大殿由四根石质金柱支撑。金柱为八角棱形，下接柱础约1米高，上面穿插枋、檩，构成宽敞的大殿空间。

■ **古树古缸**

智矩院门前，有一树一缸。树为古茶树，树干有碗口粗，枝繁叶茂，有300多年历史。茶树栽于一太平缸中。缸的正面中心为仙鹿衔草雕刻，左面为印刻形式的四个方格，上书"太平缸"，右面为"乾隆庚戌年七月一日置"。此缸虽经历200多年的风侵雨蚀，字迹仍可辨。

■ **恢宏大气的雀替**

智矩寺大殿的廊道、檐口，都排列着整齐统一的通雀替，上面镂空雕刻着梅、兰、竹、菊。每一扇通雀替以中间图案为界，两边对称排列，显得恢宏大气。

300多年的古茶树移栽于200余年的古缸中

智矩院外廊檐柱础

智矩院的廊檐及连排通雀替，雀替间的檐柱上刻着豪迈大气的对联"万丈红尘三杯酒""千秋大业一壶茶"

# 蒙山千佛寺

省级文物保护单位

## 建筑概况

千佛寺位于名山区蒙顶山镇名雅村。寺僧分工专管"贡茶园"。该寺坐西北向东南，占地面积约5600平方米，分别由山门、前殿、石牌坊、厢房、藏经殿、大殿、僧房及石碑亭等组成。其中，大殿、石牌坊、僧房为历史建筑，其余为20世纪90年代后新建。2012年列入第八批省级文物保护单位。

该寺始建于唐，最初称"罗汉寺"，后损毁。南宋绍兴十一年（1141年）由僧觉先复建。元至正二年（1342年）扩殿修廊。元末毁于兵燹。明朝年间（1489—1504年）集资重修。明嘉靖二十一年（1542年），知县李承祖重修寺碑。清光绪二十六年（1900年）住持静元又立二碑于山门：左为同治三年（1864年）皇谕"只许辉煌培补、勿许损坏庙宇"，右为光绪二十三年（1897年）晓谕："军民人等不准毁骂禅僧尼道，违者一律治罪。"

## 特色看点

### ■ 千佛崖造像

寺后岩石上的千佛造像开凿于唐代，分布在约50平方米的三角形岩壁上，岩壁底宽6.66米，高4.1米，底部被泥土覆盖，尚不知其被覆盖部分深度。岩壁上的可见部分共开凿有9龛90余尊造像，主龛在高3.9米，宽2.7米的崖壁上，共刻有神态各异、大小不同的佛像72尊，主龛高3.55米，宽2.26米，顶部刻有6身半裸飞天像，潇洒自若。2007年6月，该摩崖石刻作为"蒙顶山古建筑群"的一部分被列为四川省第七批省级文物保护单位。

### ■ 古碑

石碑全名"名山重修大殿碑记"，位于大殿左侧，明嘉靖壬寅岁三月立。碑高2.15米，宽1.1米。碑文记载了千佛寺创立于宋绍兴十一年（1141年）及到明嘉靖二十一年（1542年）的维修经过，也记载了该寺因寺后岩石上千尊古佛的得名缘由。近年来专修一亭保护该碑。

寺庙

建于明嘉靖二十一年的"名山重修大殿碑记"

千佛寺山门牌坊

千佛崖造像中的"飞天"是所有造像中保存最完整的

# 金刚寺

省级文物保护单位

### 建筑概况

金刚寺，位于名山区车岭镇金刚村石城山下。据《名山县志》（光绪、民国版）载，金刚寺唐初建，明朝重修，后因战乱损毁，历史建筑现仅遗存大殿。

金刚寺为一四合院结构，围绕着一个200多平方米的坝子。现存大殿前殿为重檐歇山式抬梁结构，由八根金丝楠木柱支撑，每根木柱直径有近1米。房梁上还刻有"明正统年间维修……"等字样。殿内有壁画，但斑驳不易辨认。

### 典故传说

金刚寺对着石城山，山不高，在平原上陡然耸立，形状似狮，当地流传的狮怪下山伤人、金刚怒目护民的故事为金刚寺增添了些许神秘色彩。金刚立于殿前遥望石城，群松舞动、苍翠欲滴。

### 特色看点

■ 斗拱

前檐、山墙施柱头铺作、转角铺作斗拱8朵，五铺作双抄双下昂，建筑技艺精巧，气势恢宏。

■ 香炉

天井院内正中放置，香炉上精美的镂空雕刻花纹，显示着此建筑年代的久远。

香炉

金刚寺大殿

斗拱

枋上绘画，现已漫漶不清

# 观音殿

省级文物保护单位

## 建筑概况

观音殿位于名山区马岭镇康乐村，坐西向东，占地面积约 232 平方米。台基用条石围砌，面阔五间 18 米，进深三间 11.5 米，通高 7 米。明间两侧各立一通碑。观音殿始建于明洪武二年（1369年），曾作为老峨山佛教群落僧官行院，管理周边 72 寺、36 庵。2012 年 7 月 16 日，观音殿被列为第八批四川省文物保护单位。2014 年，"4·20"芦山地震灾后重建中对其进行抢救性维修，保留了其重檐歇山斗拱木结构的明代典型建筑风格。

## 特色看点

### ■ 殿前石柱

观音殿前，立着 8 根石柱，为寺院旧址遗迹。石柱上有清代马岭镇举人彭廷变、丹棱僧会智方、雅州僧会象离等多名大德高僧、文人墨客的题词。

殿前石柱

观音殿

### ■ 大殿斗拱

观音殿屋檐下是最具明清建筑风格的斗拱结构。前檐、山墙施柱头铺作、转角铺作斗拱8朵。这种斗拱采用交错法，栌斗对角密排，斗上交叉十字拱横列左右，自然连接。

### ■ 古碑

殿前竖有两通石碑，一通立在赑屃底座上，残了一半。另一通立在大殿门口，为明正统六年（1441年）十二月重建竣工后立，碑记名为《重开观音禅寺记》，载明观音殿的过去和重建经过。此碑刻在红砂石上，至今已近600年，但字迹清晰，十分难得。

刻着祥云和花草的横梁和斗拱

明代古碑

# 水月寺

省级文物保护单位

## 建筑概况

水月寺位于名山区车岭镇水月村。该寺坐北朝南，占地面积608.7平方米。水月寺现存观音殿和大雄宝殿两殿，俗称后殿和前殿，保存较为完整，具有较高历史、艺术和科学价值，为研究明清建筑艺术提供了实物资料。2007年，水月寺被列入四川省第七批省级文物保护单位。2016年，两殿分别被用作车岭镇中学图书馆、校史馆。

观音殿（后殿）始建于唐代，宋绍兴二十五年（1155年）敕赐"水月禅院"。后毁于战乱，明代万历和成化年间重修，现为明代遗构，完整保存至今。面阔五间，明间6.5米，次间4.25米，稍间2.4米，进深9.70米，通高11.2米。该殿

观音殿的斗拱

水月寺大雄宝殿，现为车岭镇初级中学图书馆

为抬梁式木结构建筑，单檐歇山顶，两侧稍间为清代增建。前后檐下各施斗拱 8 朵，明间补间斗拱 2 朵，次间补间斗拱 1 朵。前檐斗拱为六铺作，后檐斗拱为五铺作。素面台基用红砂石垒砌，长 20.76 米，宽 12.8 米，高 0.35 米。

大雄宝殿（前殿）始建于元至正七年（1347 年），清乾隆五年（1740 年）重修，现为清代遗构，面阔三间 16.16 米，明间 7.16 米，次间 4.5 米，进深 15.45 米，通高 12.5 米。为穿斗式木结构建筑，重檐歇山顶。素面台基用红砂石垒砌，长 18.27 米，宽 17.86 米，高 0.8 米。殿内放置重修水月寺碑 1 通、功德碑 2 通。

大雄宝殿的游龙雕刻

水月寺观音殿，现为车岭镇初级中学校史馆

# 白君庙

省级文物保护单位

## 建筑概况

白君庙位于天全县始阳镇破磷村，建于明嘉靖二十三年（1544年），天全土司高继光主持修建，后于清康熙五十九年（1720年）大修。

该庙坐东向西，占地面积200平方米，分为前殿、大殿和后殿，目前保存完好的是大殿。大殿为穿斗式木结构建筑，单檐悬山顶，小青瓦屋面；面阔3间12.67米，进深4间9.75米，通高7.39米，排架9架5柱，素面石地面，台基高0.5米。该庙对研究明代建筑有重要价值。

白君庙外石墙上废弃石构件上的雕刻

白君庙正面

荷叶柱础　　　　　　　　　　　　　雕花柱础

白君庙的山墙

# 佛图寺

省级文物保护单位

## 建筑概况

佛图寺，位于芦山县芦阳街道，为搬迁性寺院组合，由原佛图山关帝庙、芦阳白塔寺、芦阳观音堂和芦阳广佛寺组成。现有佛图禅寺大殿、大雄宝殿、观音殿、祖师殿和一座高7层的佛塔。其中，祖师殿、大雄宝殿和佛塔是明代建筑。寺院历史悠久，底蕴深厚，对研究元、明代时期建筑有重要意义。

## 特色看点

### ■ 佛图寺塔

建于清代，占地面积20平方米。为六角七层楼阁式攒尖顶砖塔。由塔基、七层塔身和塔刹组成，无楼层隔断。塔基每边宽2.0米，用4层条石筑砌。塔身2~5层有龛口。塔高17.2米。该建筑为典型川西南风格，对研究地方建筑史和宗教文化有重要的参考价值。"4·20"芦山强烈地震后对该塔进行加固维修，是佛图寺建筑群的重要组成部分。

### ■ 广福寺斗拱

现佛图山上的祖师殿为原广福寺建筑，建于明代宣德三年（1428年），为歇山式建筑，明间为抬梁式梁架，面阔三间宽13.8米，进深13.2米，殿高9米，建筑面积182平方米。康熙、乾隆、民国三种版本《芦山县志》均有记载。该建筑斗拱的补间铺作为菱形斗拱，在四川古建筑中十分少见，为四川古建筑地方手法和特点的重要实证，典型川西南风格，对研究地方建筑史和宗教建筑有重要的参考价值。

观音殿和佛图寺塔

寺 庙

佛图寺位于佛图山的山脊上，繁盛的树木围成观音的背屏形状

祖师殿，20世纪90年代从县城搬迁于此

祖师殿前古缸上的戏曲雕刻

寺庙

梁思成1939年拍摄的广佛寺内景，柱上的盘龙、佛像及其背屏、牌位和香炉都十分精美

祖师殿的柱端斗拱

085

鸱吻

垂脊脊兽

戗脊端兽

# 涌泉寺

省级文物保护单位

## 建筑概况

涌泉寺位于芦山县芦阳街道五星村，因寺周多涌泉而得名。至今尚存三个大殿。

涌泉寺始建于明代，清代有增建维修。该寺坐北朝南，建筑面积1266.8平方米，占地面积5290平方米。由中轴线上的山门（现代）、天王殿、大雄宝殿、藏经楼及两侧厢房组成建筑群。现存建筑群布局、式样、梁架结构完整。

天王殿建于清代，面阔三间13.2米，进深四间9.68米，建筑面积127.78平方米，通高6.6米。大雄宝殿建于明代，面阔三间15.75米，进深三间12.44米。藏经楼建于明代，清代有过维修，面阔四间17.35米，进深四间13.2米，建筑面积（一层）260平方米。厢房建于清代。涌泉寺是四川地区明代以后建筑演变的重要实证，对研究四川古代建筑和地方历史文化民俗传承有很重要的价值。

藏经楼现为红色教育馆

涌泉寺的天王殿、大雄宝殿和藏经楼呈中轴"一"字形布局

# 云峰寺

省级文物保护单位

## 建筑概况

云峰寺位于荥经县青龙镇柏香村，占地80余亩。云峰寺又称"太湖寺"。相传女娲从太湖取石补天，不慎坠落一颗于寺内，人称"太湖飞来石"，故而得名。后因处于云峰山下，更名为云峰寺。

云峰寺始建于唐，兵毁于元，重建于明，续修于清。大殿按中轴南北纵列，有天王殿、观音殿、毗卢殿、大雄宝殿、藏经楼等，各殿依山而建，一殿高过一殿，气势磅礴。寺庙建筑风格古朴典雅，极富盛唐遗韵。木刻浮雕，精雕细琢。儒释道合一的建筑特色，别有一番韵味。诸多名士、文人墨客于此吟诗作画，挥毫泼墨。名士黄云鹄，画家张大千，红军将领罗炳辉、许世友，原西康省主席刘文辉等均曾至此。寺内有300多株参天古木，其中最高的是2株香杉，树龄最长的是2株1700多年的桢楠树。2010年央视《国宝档案》赞誉："这里有中国西南最大规模的古桢楠林。"

孙明经1939年在云峰寺古桢楠树下留影

寺 庙

云峰寺全景，内藏 1700 多年的"桢楠王"

雅安古建筑·第一辑

天王殿，门柱上镌刻着汪元藻、朱聘坤征应的名联

刘文辉手书的《心经》

### 典故传说

**■ 汪元藻撰联征对**

天王殿两侧门柱上有一联"十余里入山不深，每参拜登堂，便觉红尘隔断；三世尊前缘可证，问好音空谷，何时白石飞来？"，上联为清代举人汪元藻拟出，面向社会征对下联。应征者众多，普遍认为县内拔贡朱聘坤应对的此下联为佳。此联后入选《中国名联大全》一书。

**■ 孙明经首拍云峰寺**

1939年，孙明经游览云峰寺时，惊叹于古桢楠的高大雄伟，并找了几人合抱。在高大的桢楠脚下，三个人显得十分娇小。

**■ 刘文辉刻石护古树**

仙缘桥连接的澄心岩上，篆刻着《心经》铭文。碑文由刘文辉于民国23年（1934年）五月（甲戌仲夏）镌刻。当年，刘文辉的部队驻扎于此，一士兵吸烟后将烟头丢进桢楠树洞中，引起洞中木屑燃烧。刘文辉知道后，专门撰写了《心经》，并刻于入寺必须经过的崖壁之上，以示忏悔。

气势恢宏的藏经阁，雕刻、飞檐、斗拱异常精美

## 特色看点

### ■ 藏经阁

藏经阁系清代雍正年间建筑，为重檐歇山顶，抬梁式木结构，木雕、石雕、泥塑、拼接等工艺都居各殿之首。据传，为修此殿，掌墨师专门游历省内外大寺三年，终于设计出这幢结构复杂、楼层多、工艺精巧的全木结构建筑。该殿共有大小数万个榫头眼子，但没有一个是多余的。中间四根龙抱柱，从地面一直通到五楼房顶。

### ■ 雕刻之美

云峰寺的木雕、砖雕、石雕大多采用镂空雕刻。正殿脊檩是若干整节镂雕青砖组成的两条巨龙，四边有各种人物、鸟兽、花草等图案。每节砖雕重达百斤，是就地建窑、取土、制作，再用山中柴草（不用煤炭）烧制而成。彩绘、泥塑、木结构榫卯拼装技艺精湛。观音殿门窗的木雕、磉墩上的石刻、舍身岩的泥塑，内容涵盖了四十八本大戏。

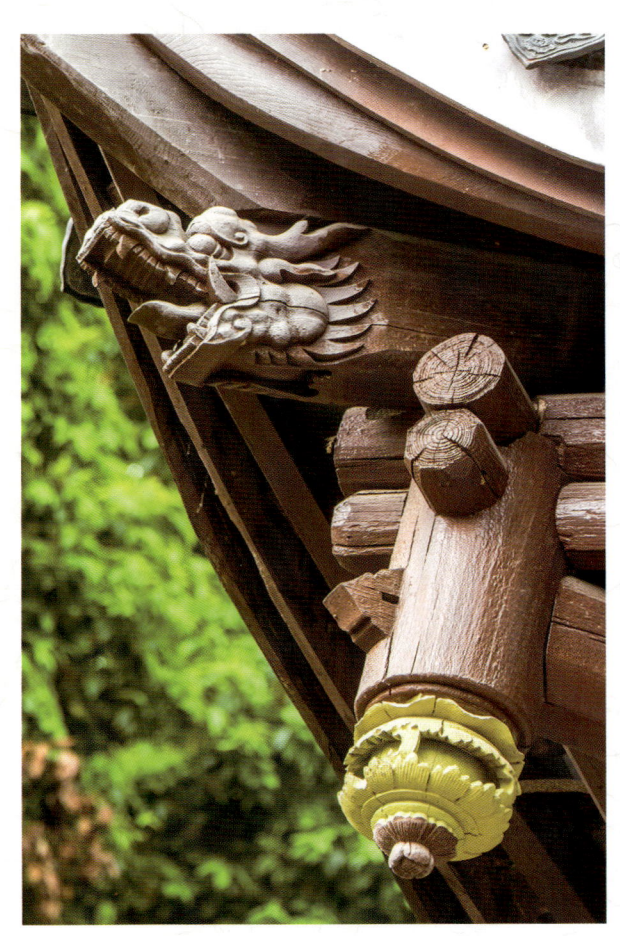

飞檐下的套兽和垂花柱

# 观音寺

省级文物保护单位

## 建筑概况

　　观音寺位于宝兴县灵关镇新场村。该寺始建于明万历三十年（1602年），清乾隆二十年（1755年）扩建，清咸丰五年（1855年）重建。观音寺坐西向东，占地面积154平方米。现仅存东岳殿。东岳殿东西宽9.5米，南北长17米，高9米。歇山顶，小青瓦屋面，面阔五间，穿斗式，以青石为基。1935年6月，陈云随中央红军长征到达宝兴县灵关镇时，受中央委派由此出川前往莫斯科前曾在此居住。该寺为研究当地清代建筑艺术提供了实物资料。"4·20"芦山地震灾后恢复重建时维修改造。

# 碧峰寺

市级文物保护单位

## 建筑概况

碧峰寺，位于雨城区碧峰峡镇碧峰村。初建年代不详，据《新建普陀山碑记》记载：此寺于明代重修，后于嘉庆十一年（1806年）开始修普陀大殿两廊，于咸丰三年（1853年）完成。原建筑群沿山势向上依次为天王殿、大雄殿、祖师堂、普陀殿，现仅存普陀殿。普陀殿为抬梁穿斗木石结构，歇山顶，八柱七间，面阔25米，进深10米，通高10米。两侧为厢房，砖木结构，面阔三柱二间7.4米，进深两间5.6米。中为天井，天井坝前两侧为垂带式踏道，呈"倒八字"形。原大雄殿外有字库、钱库塔各1座，建修于道光十一年（1831年），分立左右，并有刻立于康熙五年（1666年）的"古迹翠屏山碑记"、乾隆庚子年（1780年）的"乾坤碑"（碑本无名，上刻乾、坤符号，故以此名之）、咸丰三年（1853年）的"新建普陀山碑"、民国31年（1942年）的"建设穿衣"石碑4通。2011年，碧峰寺被公布为雅安市第二批市级文物保护单位。

碧峰寺背靠翠屏山

山门为牌楼式建筑，四柱三间三楼，面阔4.8米，通高4.5米，主楼匾刻"翠屏山，乾隆廿七年"，边楼分书"碧峰""禅林"。横坊上镌刻《建立石坊小序》。该建筑四周古树参天，石雕奇巧，书法遒劲，集自然与人文艺术于一体，具有较高的历史人文价值

二龙戏珠柱础局部

钱库，上书对联"独立千年库""常存万贯钱"

字库上的"丢字入库图"

# 兴佛寺

市级文物保护单位

## 建筑概况

兴佛寺位于荥经县花滩镇齐心村。寺庙为四合院布局，整个院落依山而建，周围植被繁茂，面积约2000平方米。兴佛寺始建于明成化十一年（1475年）。原山门及东、西厢房被毁，现山门及东、西厢房为后期重建。大殿平面呈矩形，为歇山式小青瓦屋面，梁架为抬梁式穿斗石木结构，面阔三间14.8米，进深12.8米，通高8.5米。柱础雕刻戏剧故事、卷草、动物等图案。

该寺庙为典型的清代建筑，石雕工艺精湛，具有较高的文物价值。

## 特色看点

### ■ 石柱及雕刻

大殿梁架以石料为主，由20根柱子支撑，其中12根为石柱。明间4内柱为整根石料凿成方柱，边长0.45米。柱础雄阔大气，高近1米，呈长方体。上面的雕刻细腻而精致，所刻内容多为传统折子戏内容，如"断机教子""五台会兄""三英战吕布""空城计"等。据说，石匠们在雕刻时，边演、边唱、边刻，将自己的心境融于工艺之中，因而所刻作品生动自然，形态逼真。

### ■ 镂刻香炉

正殿内佛像前的香炉全为镂空雕刻，底座四角刻石狮，中间为绣球，意为"双狮滚绣球"，精湛的工艺令人叹为观止。

### ■ 山门牌坊

牌坊位于兴佛寺正门前。上部为仿木结构牌坊形式，下部为条石砌筑墙体和须弥座，由双层条石砌筑而成，中间填充碎石。牌坊无通行功能，正面为雕刻石构件，背面为素条石砌筑。

兴佛寺的东西厢房及大殿

上：雕花香炉
左：柱础石雕"空城计"
右：石柱和柱础

兴佛寺山门牌坊

寺庙

兴佛寺山门牌坊次楼檐额上的浮雕"岳飞辞母"。画中左一为岳母，拄着拐杖。左二为岳夫人，怀抱婴儿，左手抹泪，一副惜别之态。左三为岳飞，一身戎装，挥手辞别。左四为牛皋，手舞双刀，跨步迈腿，似欲急于上阵杀敌

盘龙，虽部分损坏，但头部神态和蜷曲的龙身仍清晰可见

匾额"照耀乾坤"两边的浮雕"琴、棋、书、画"

# 观音庙

县级文物保护单位

## 建筑概况

观音庙位于名山区蒙顶山镇见阳村,坐西北向东南,占地面积1400平方米。现有建筑3栋,2栋现代建筑分别居于清代大殿两侧,大殿台基用条石围砌,宽19.5米,深11.67米,高0.3米,踏步5级,穿斗式石木结构,前施一步廊(深2.85米),单檐歇山式屋顶,面阔5间17.5米,明间5米,次间3.5米,稍间2.75米;进深3间7.7米。该庙右侧立柱上有"清咸丰二年重修"题刻,其始建年代不详。

寺庙

殿前步廊上六根棱形石柱

观音庙为三合院，园中有6株百年以上的古桢楠树，此院现名为"桢院"

# 止观寺

县级文物保护单位

## 建筑概况

止观寺位于名山区建山乡止观村海磐山，占地面积1万多平方米。该寺始建于唐朝天宝年间，距今有1200多年历史。宋朝香火鼎盛，元朝庙宇被毁，明清时期两度重修，民国时期寺院凋零。近年来经多次修缮，现有观音殿、大雄宝殿、经楼、祖师殿、天王殿、盘龙亭等，除观音殿外，其他殿均为20世纪90年代在原址上新建。

## 特色看点

**■ 古殿遗存**

寺中的观音殿为抬梁式木结构建筑，梁上有彩绘图案，主体结构为明晚期留存；天王殿、大雄宝殿堡坎和台阶均为原寺庙遗存，寺中的石墙、石柱随处可见，是该寺的特色之一。

明嘉靖四十五年（1566年）建造的石质构件

止观寺局部

止观寺观音殿上的两根大梁为清代遗存，且有彩绘图案

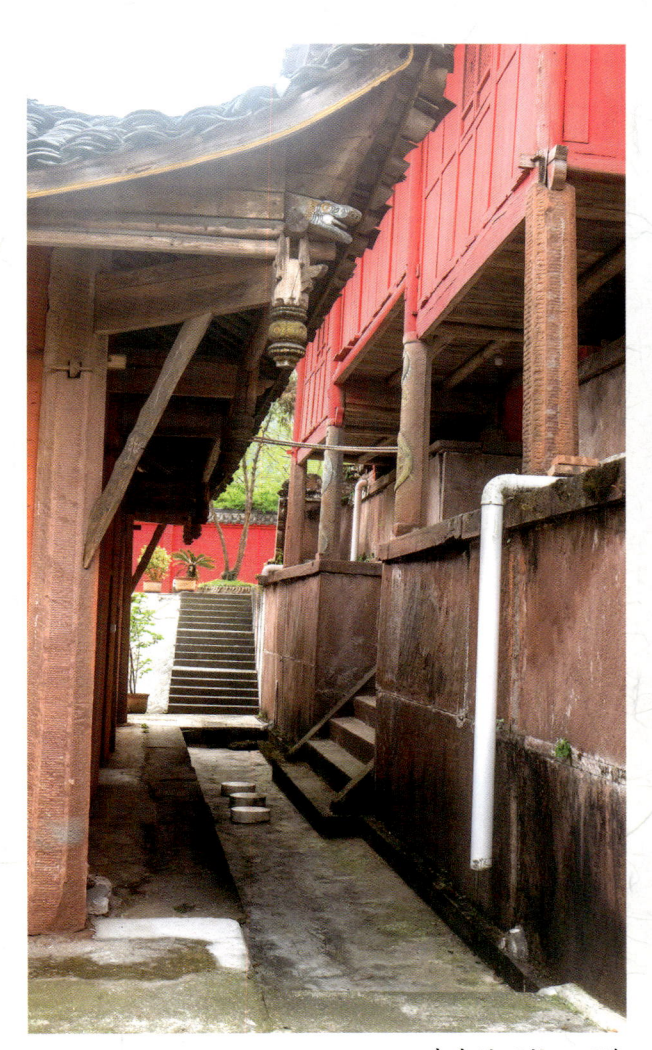

寺中的石柱、石墙

颇具特色的悬鱼

# 阿婆庙

县级文物保护单位

## 建筑概况

阿婆庙位于天全县新华乡孝廉村，占地面积235.94平方米。台基用石板砌成，高0.60米。为单檐悬山顶穿斗式砖木结构，小青瓦屋面，大殿面阔3间17.9米，进深8.6米，通高12米。排架为3柱2间。

## 典故传说

相传清道光年间，孝廉村有个王姓女儿出嫁外地，随夫家做起藏茶生意。为感激家人养育之恩，王姓女子在生意兴隆后捐钱在家乡修筑庙宇，并在庙宇建成后起名为"阿婆庙"。

## 特色看点

■ 孝廉教育基地

孝廉村以"孝道亲长、廉能正直"而命名，并创作了《孝廉记心间》村歌，将孝廉故事绘于柱、梁、枋上。"要学羔羊跪乳爱无边，要学乌鸦反哺报涌泉，要学先贤举孝廉，要学公仆守清廉……"歌词既有传统文化传承，又有新时代的风气，是天全县"以孝为训、以廉为荣"的家风家训家教基地。

寺庙

梁、柱上的彩绘

阿婆庙内景，现为孝廉村文化活动中心

雕着二龙戏珠的柱础

# 城隍庙

县级文物保护单位

## 建筑概况

城隍庙位于芦山县太平镇胜利村,建于清嘉庆二年(1797年)。现仅存正殿1座,面阔三间11.2米,进深23.3米,房高约6米,建筑面积260.96平方米。殿前左右有石狮1对。前有空坪及砖石刹门"分明亭",亭前有垂带踏道。殿前存长方形四方碑1通,记此庙建于清嘉庆二年(1797年)前。正殿大门为二重檐五脊顶牌楼,门上有彩绘门神和对联。

城隍庙大殿外景

柱础

## 特色看点

### ■ 柱础

大殿内的柱础颇有特色,以覆盆式、束腰式为主,有的柱础上刻有万字纹、回字纹和卷草纹。

### ■ 对联

城隍庙门上有一副对联,上联为"如作非为恁尔烧香终无益",下联为"果行善事见吾不拜又何妨",门匾上题"洞察无遗",提倡行善事莫作恶,通俗易懂,耐人寻味。

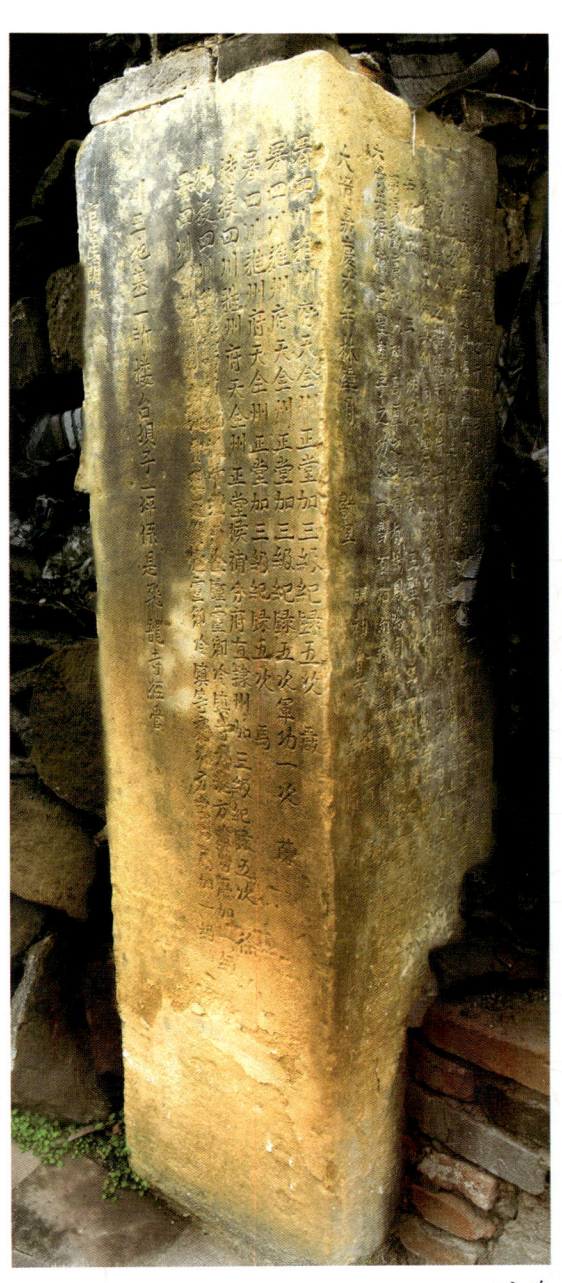

### ■ 四方碑

城隍庙落成时立有一四方碑,记载了太平兴场立市及修建城隍庙的经过,是了解、研究太平历史的重要文物。因时间久远、风雨侵蚀,部分碑文已风化脱落。现大部分埋于土石堆中。

### ■ 分明亭

为城隍庙之山门,为两柱一顶一楼一檐式石质牌坊结构。明楼上两边置瑞兽天吼,与其他牌坊设鳌有别。"分明亭"竖写,置于明楼正中,与城隍庙正门"洞察无遗"相应。

四方碑

分明亭

## 波惹寺

县级文物保护单位

### 建筑概况

波惹寺位于芦山县龙门镇小坎卡。建筑面积1758平方米，建于明末清初，有500~600年历史。

波惹寺有天井7个，结构类似于七星抱月形制。空中俯瞰，可见其结构完整，构造精奇，3个四合院、4个天井浑然一体。建筑均为悬山顶穿斗式木结构，几百年来遭受多次地震却安然无恙，是研究清代川西南地区宗教文化的重要实物佐证。

小天井

波惹寺的四合院和天井为"七星抱月"形制

# 教堂

20世纪80年代的邓池沟天主教堂

# 邓池沟天主教堂

省级文物保护单位

## 建筑概况

邓池沟天主教堂位于宝兴县蜂桶寨乡，建于清道光十九年（1839年），清光绪二十六年（1900年）至民国元年（1912年）再度扩建，现存大部分为清代建筑。该教堂旧时为川西北一带天主教大本营，是四川最早建成的天主教堂之一。

该教堂坐东向西，占地面积1800平方米，为穿斗式全木结构建筑，四合院布局，前厅和正厅屋面分别与两侧廊屋屋面相连，形成四合头屋顶。前厅为山门，面阔十间41.62米，进深一间5.0米，为九架二柱。正厅面阔八间30.76米，进深四间7.5米，为十一架五柱，通高10.28米，中层廊道与北廊道相连。北廊屋面阔18.70米，进深一间5.0米，为九架二柱。南廊屋为教堂，是诵经、礼拜之地。门设在前厅西侧三间，纵向布局。教堂布局严谨，建筑高大，气势雄伟，为研究清代建筑提供了实物资料。

天主教堂秋色

教 堂

天主教堂内景，为典型的中式四合院结构

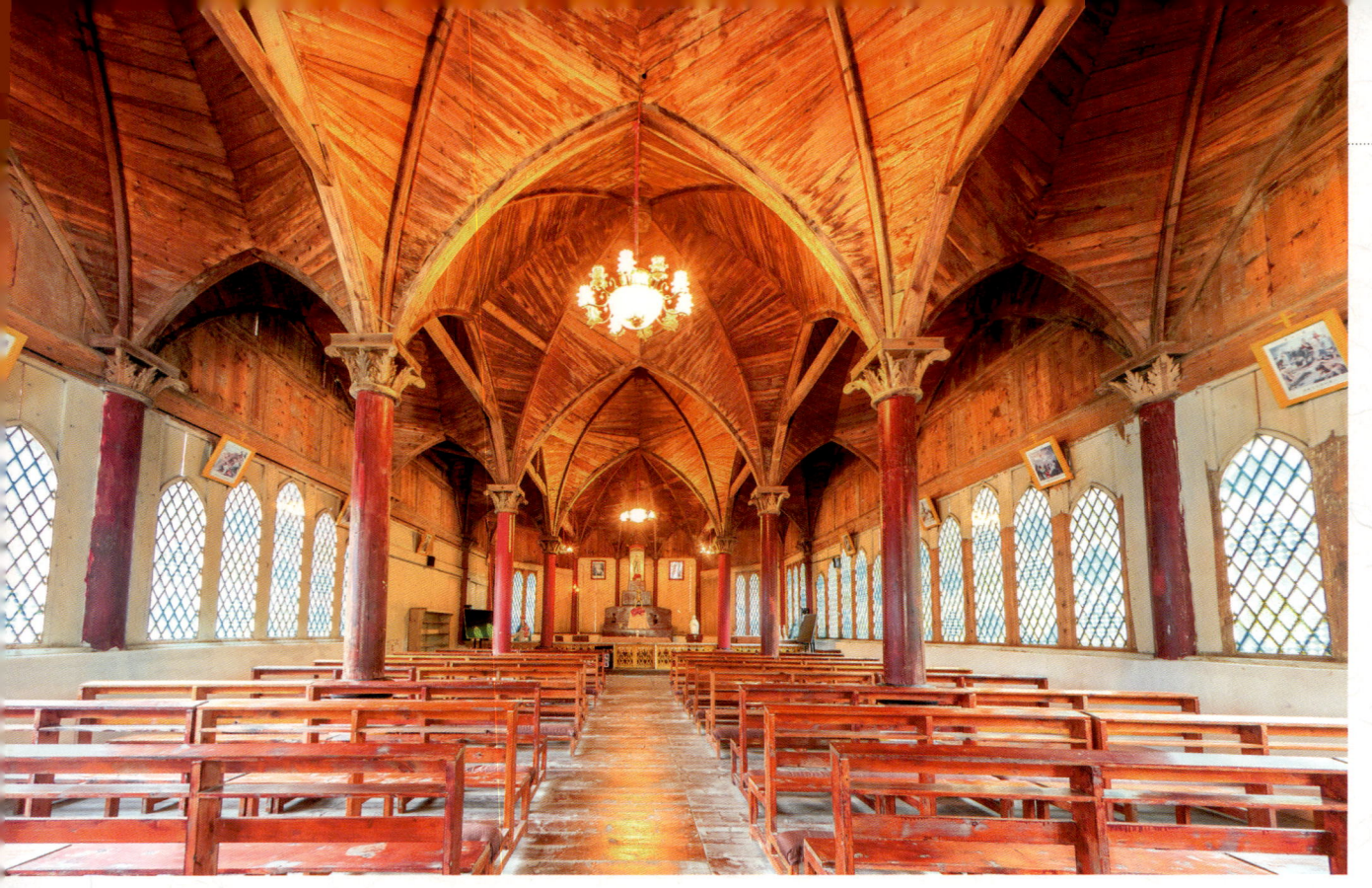

具有欧式风格的教堂内景，是祈祷弥撒的礼拜堂

## 特色看点

### ■ 中西结合的建筑

从外面看，教堂为穿斗式木结构的中式四合院。庭院内，左、后侧是中式厢房，右侧则是一座中西合璧式的教堂，堂内10根大圆柱支撑10朵瓜瓣式拱顶篷，柱头为仿罗马柱造型，柱基为中式结构，四周则为菱形花窗，穹顶是全木质结构哥特式拱顶。这座有哥特式和古罗马拜占庭式建筑特点的教堂，恰如其分地融合了中国古建筑的传统特色，中西建筑的结合，多元文化的交融，正是这座教堂的独特魅力所在。

### ■ 大熊猫溯源地

1869年5月，法国传教士、生物学家阿尔芒·戴维首次在这里将大熊猫介绍给全世界，引起世界生物界轰动。现教堂内专门设立了大熊猫溯源馆，全面展示大熊猫走向世界的历史。

### ■ 花柱和柱础

整座教堂建筑四周的内檐和外檐均施两卦垂地花柱，柱上雕刻有一团和气、莲叶、荷花、菊花等图案。柱础高大粗壮，形态各异，上刻各类珍稀动物，雕刻甚为精湛。

柱础

教堂内的大熊猫溯源馆

成排的垂花柱蔚为壮观，是典型的中式风格

113

# 大众路天主教堂

### 县级文物保护单位

## 建筑概况

大众路天主教堂位于雨城区大众路158号,由法国何理柏神父修建于1900年,建筑面积306.8平方米。2001年该教堂进行局部维修。教堂长24.81米,宽11.8米,高9.8米。门高19.8米,宽11.8米,教堂走廊廊柱计16根。两侧厢房为2001年拆除重建,现为砖混结构,长13.8米,宽13.8米,是罗马式、哥特式、复兴式融合中国风格于一体的大型教堂。该建筑规模宏大,结构稳固,形制复杂,为研究当地宗教建筑提供了实物资料。

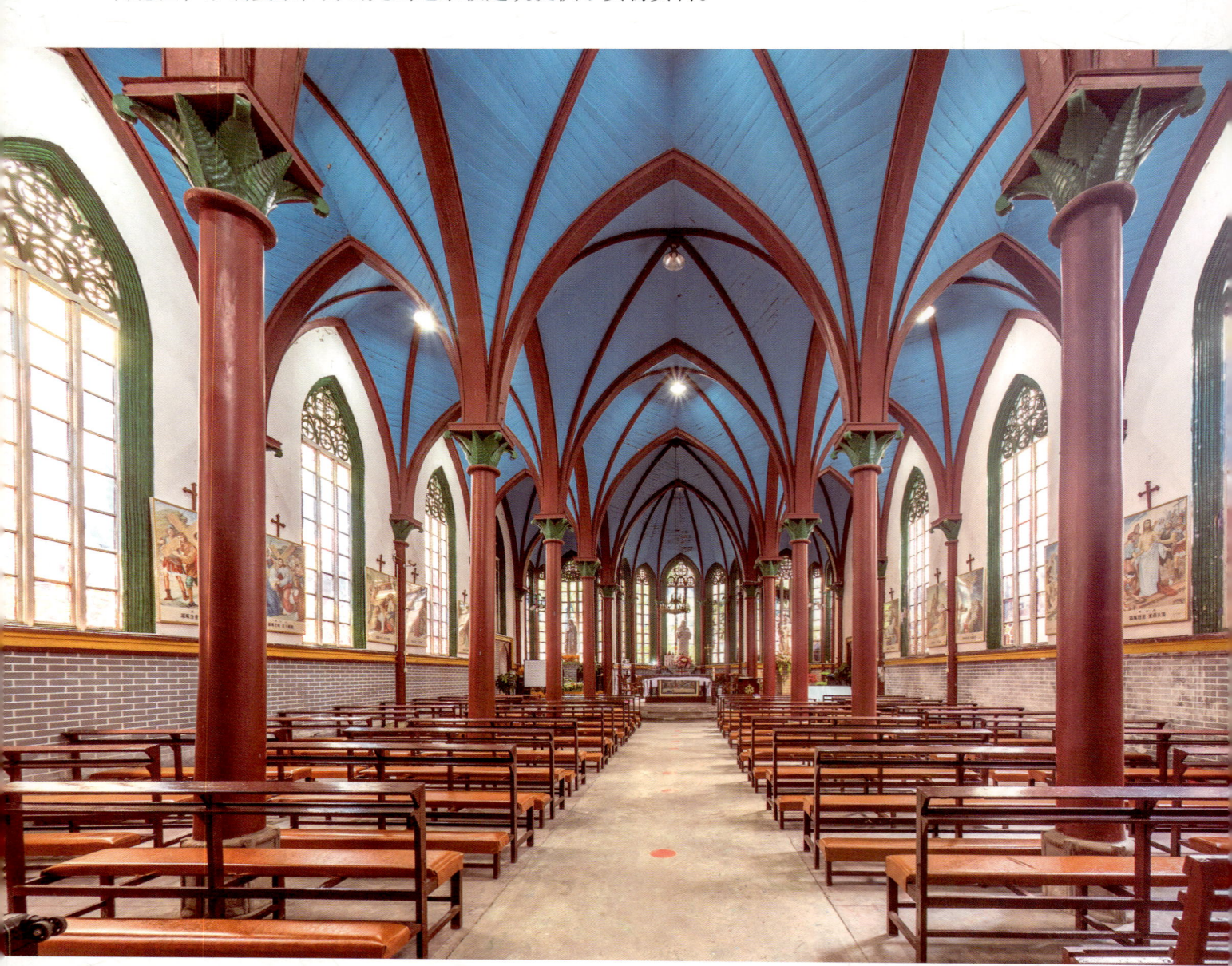

大众路天主教堂内景

大众路天主教堂正门外景

# 皇木天主教堂

## 建筑概况

皇木天主教堂位于汉源县皇木镇，建于清同治年间，由法籍教士勃拉布依·比纳特主持修建。原建有女子学院、教堂等房屋，是乐山、越西、金口河教友的聚集之地。现教堂建筑呈四合院结构，由教堂主体和附属建筑组成。教堂主体为翻建的砖混结构的现代建筑。附属建筑为穿斗式木质结构的古建筑，处于教堂主体后面。

皇木天主教堂外景，两根直立的尖屋顶有哥特式建筑特色

教堂附属建筑为三合院结构的古建筑

各具形态的雕花垂柱

### 特色看点

■ 雕花垂柱

教堂檐下的雕花垂柱颇有特色，呈荷叶形、瓜楞形等形状，底座与枋相连，有承重功能。底座多为方形，四面雕刻动物、花卉，形态逼真，动感十足，有较强的观赏性。

# 芦阳天主教堂

县级文物保护单位

## 建筑概况

芦阳天主教堂位于芦山县芦阳街道，建于清光绪十八年（1892年），砖木结构，中西合璧风格，教堂建筑面积约160平方米。教堂在"5·12"汶川地震中损毁严重，修缮时保留了原墙体及柱础、柱、梁等原构件。

芦阳天主教堂内景

芦阳天主教堂外景

# 祠堂

1939年10月，梁思成拍摄的姜侯祠内的姜庆楼，楼前堆满了晾晒的农作物

# 姜侯祠

全国重点文物保护单位

## 建筑概况

姜侯祠位于芦山县城南街，为纪念三国蜀汉镇西大将军平襄侯姜维而建造，包括平襄楼、姜公庙大殿和汉姜侯祠牌坊三座古建筑。1961年7月，四川省人民委员会以姜庆楼之名将其列为四川省文物保护单位，风格定于元、明。1986年经省文物主管部门同意，姜庆楼恢复原名平襄楼，2006年被国务院公布为第六批全国重点文物保护单位。

### ■ 平襄楼

也叫姜庆楼，始建于北宋。坐北向南，为三重檐歇山顶抬梁式斗拱建筑，占地202平方米。通高14米，面阔五间14.1米，进深四间10米，明间面阔6.1米，次间和补间各为2米。二层为四架椽屋用二柱，面阔五间，腰檐下有平座，可扶栏远眺。素面台基长12.8米，宽16.8米。正面露高0.2米，垂带踏道二级。平襄楼整体布局合理，气势宏大，主体建筑完整，虽经历代维修，

平襄楼外景，三重檐的结构在雅安仅此一幢。刘敦桢当年考察时确认三楼及檐为附加，故远望为三层建筑

至今仍雄伟坚实,仍保持一定的元、明风格,对研究古建筑艺术及其演变具有重要价值。自宋以来,以此楼为中心,每年中秋举行"八月彩楼"会,后发展为芦山傩戏"庆坛"之总坛所在。

  平襄楼虽经历代维修,但内部结构仍保持着始建时的部分时代和地方特色。1939年10月,著名古建专家刘敦桢到芦山考察时,即认为其一些结构"甚特别"。中华人民共和国成立后,重庆建工学院古建专家辜其一两次带学生来此考察实习,认为其内部结构"尚存宋风",许多构件可能是宋元的原件。

平襄楼一楼内景,上挂"万古英灵"横匾

1939年10月梁思成拍摄的平襄楼背面

梁思成拍摄的平襄楼一楼内景及"万古英灵"横匾

姜公庙外景，为单檐歇山式建筑

### ■ 姜公庙大殿

该殿建于明嘉靖二十九年（1550年），坐北向南，高9米，面阔三间12米，进深五间14.2米，面积245.3平方米，单檐歇山顶木结构，正脊泥型花纹，脊中塑三重宝鼎，屋面平缓，柱高4米，直径0.35米，内施井柱6根，柱高5.5米，直径0.5米，中心跨度12米。素面台基高0.7米，素面台阶宽2.4米，素面垂带长1.5米。殿内祀有木刻贴金姜维坐像，高约2.5米。

姜公庙内景梁架结构，内塑姜维像

维修后的汉姜侯祠牌坊

### ■ 汉姜侯祠牌坊

该牌坊建于明嘉靖三十四年（1555年），为四柱三门三楼木结构重檐门楼式木坊，庑殿顶。占地面积25平方米，楼面铺青瓦，翼角起翘，坊间作斗拱状承接，宽8.34米，高5.8米，前后出檐各1.5米。坊全身施彩绘，有人物、花鸟、龙凤纹饰，四柱前后用抱鼓石，柱基为长方形石座。雀替作花鸟镂雕装饰。正面刻"汉姜侯祠"四字，背面刻"万古忠良"四字。梁上墨书"明嘉靖三十四年"。该建筑为雅安市唯一的木结构牌坊，属典型川西南风格，对研究地方建筑史和三国文化有重要的参考价值。

1939年10月梁思成拍摄的汉姜侯祠牌坊

## 特色看点

**■ 塑像和壁画**

姜侯祠的姜公庙内原有一姜维塑像,后被毁。现在庙内所见为20世纪80年代重塑。现平襄楼的二楼还存有一组塑像和多幅壁画。塑像居于正中,用木头雕刻,人物形象神态各异、栩栩如生。从柜式底座裸露出来的文字判断,神龛上的应为诸葛亮,左右分别为张苞和关兴,右下方持笏板者不知为何人。壁画存于墙壁、梁坊和斗拱之间,内容为花卉和自然山水。

平襄楼二楼塑像,正中匾额上从左至右分别竖书"嘉庆戊辰""汉武乡候""知县任会棻立"

绘于斗拱间的花卉和山水图案

平襄楼二楼壁画

雅安古建筑·第一辑

■ 斗拱

平襄楼上下檐四周施五铺作斗拱38朵，正背面明间皆施铺作2朵。上下檐施五铺作斗拱38朵。明间补间铺作各2朵，斗拱高为柱高四分之一，泥道拱长于令拱。

翼拱

祠 堂

转角斗拱和柱间斗拱

■ **通柱**

楼四周由18根大柱支撑，檐柱和角柱有侧角，檐柱直径0.37米。内有8根大柱通顶，高7.7米。

殿内通柱，从一楼直通三楼

127

# 杨家上祠堂

省级文物保护单位

## 建筑概况

杨家上祠堂位于天全县仁义镇。该祠堂坐西北向东南，占地面积285平方米。建筑主体结构为单檐悬山顶抬梁式木结构。正方形布局，8架椽屋4椽栿对前后乳栿劄牵用4柱。面阔5间23.55米，进深8.7米，房高15米。两侧有厢房，面阔三间12.56米，进深6.8米。素面台阶0.4米，有踏步，高0.25米，宽1.3米。该祠堂对研究清代建筑具有一定价值。

该建筑的门厅主梁、院内柱础、外墙窗格都有一定特色。

杨家上祠堂内景

圆形柱础上雕刻着琴、棋、书、画图案，彰显着当地的崇文传统

祠 堂

杨家上祠堂的梁上有房屋建造日期的记载，人称"花梁"

支摘窗

# 杨家土司祠堂

省级文物保护单位

### 建筑概况

杨家土司祠堂位于天全县仁义镇老场村,始建于明代,由天全六番副招讨使杨世仁修建。后失火,于同治年间原址重建。近年来,天全县将文物保护利用与基层文化阵地建设相结合,把杨家土司祠堂建成乡级文化服务中心,设红色文化、土司文化和宗祠文化三个文化主题厅进行展陈。

该祠堂坐北向南,由前堂、正堂、东西厢房组成长方形四合院布局,占地面积1452平方米,建筑面积12 149平方米,正堂面阔五间30米,进深15.16米,悬山顶,穿斗排架为13架6柱。前堂面阔七间30米,进深9.35米,悬山顶,穿斗排架为9架4柱,素面台阶。东西厢房结构相同,各面阔三间15.42米、进深6.79米,排架为7架4柱,素面石台阶。

该祠堂建筑木雕石刻精美,具有较典型的地方建筑风格,对研究当地清代建筑具有重要价值。

祠 堂

杨家土司祠堂内景

杨家土司祠堂正堂为穿斗排架结构，硕大的木柱和柱础令人震撼

柱础上精美的石雕

## 特色看点

### ■ 立柱和柱础

杨家土司祠堂最为显眼的是祠堂大殿中有垫柱石的8根木柱。每根柱子高约5米，最大的柱子直径有70多厘米，没有一丝虫蛀的痕迹。正中的6根柱子最大，需要两个成年人合抱。柱子下的柱础为八角形，雕刻有各种花纹，有描绘劳动场景的，有戏曲故事，有祈求福祉和祝愿长寿的。内堂对称的两个柱础上还分别雕刻有2个狮子，雕工精美，栩栩如生。正中的2根檐柱，则为全石石柱，柱础均有雕花。这些木柱、石柱及其精美石雕，使杨家土司祠堂散发出浓厚的历史气息。

134

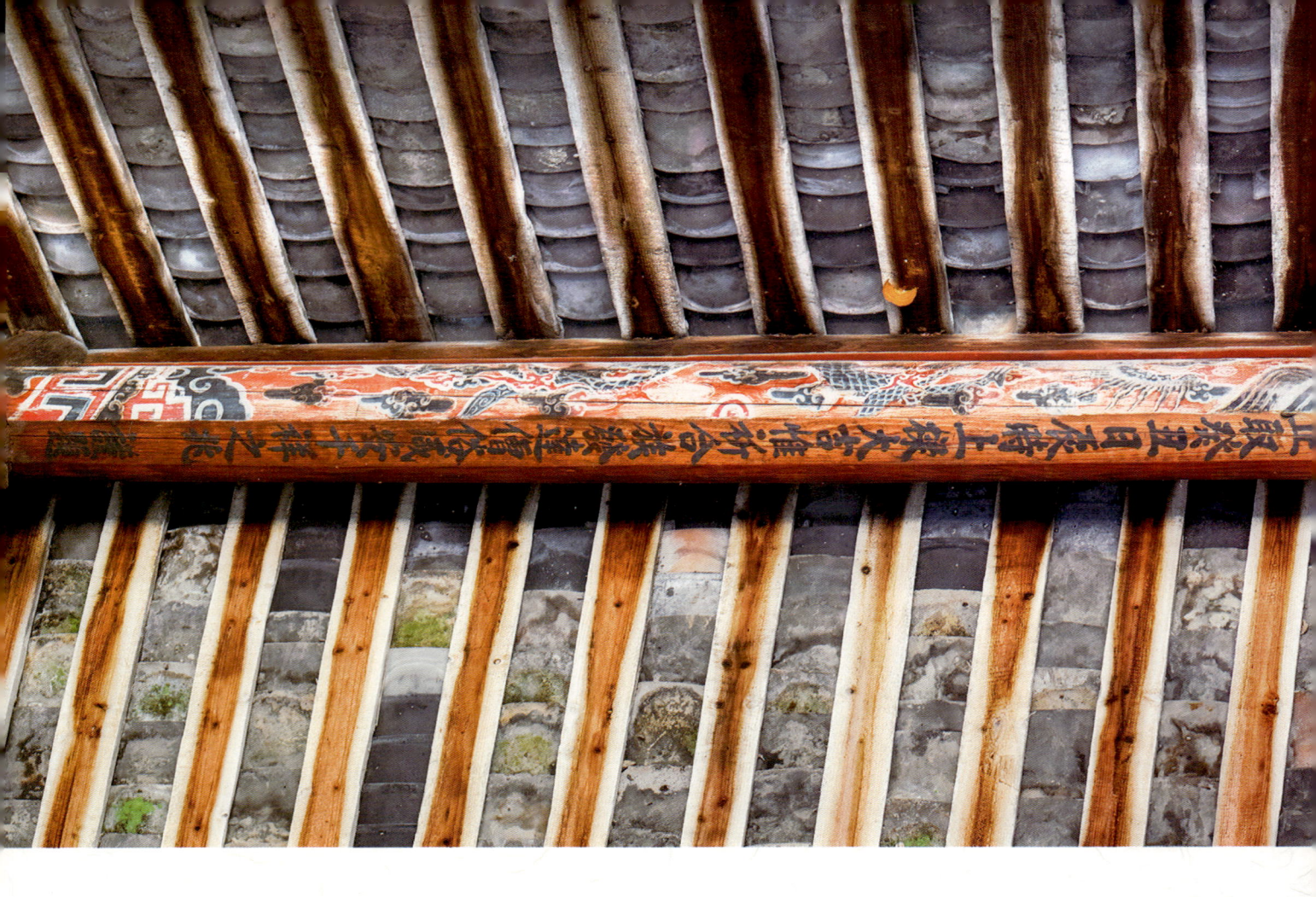

花梁

### ■ 花梁

现存的杨家土司祠堂是清同治十一年（1872年）重建的杨氏家族的宗族祠堂。正梁上写着"同治十一年岁次，壬申月健任，子朔十一日壬辰寅时登柱。正取癸丑日辰时上梁大吉，唯祈合族发达，僧俗咸安、子祥之兆"。梁上刻祥云、海水等图案，色彩斑斓，人称"花梁"。

### ■ 厢房、拱门及对联

杨家土司祠堂现保留着四个厢房、四个拱门，分别为"思过处""适意斋""养性轩""清心所"，每个厢房的楹联耐人寻味。"思过处"的是"一院图书自清洁，百家文史足风流"。"适意斋"的是"松间泼墨临摩诘，花径衔杯咏少陵"。"养性轩"的是"石上题诗扫绿苔，室窗酌酒邀红月"。"清心所"的是"敲诗人坐小楼中，看竹客来深巷好"。从对联厢房，可以遥见当年杨家祠堂的辉煌过往。

四个厢房的拱门及对联

135

# 赵家祠堂

## 建筑概况

赵家祠堂位于名山区新店镇中坝村，由清末举人赵正和于 1920 年主持修建，1922 年完工。祠堂坐北朝南，占地面积 696 平方米，为三合院结构。正房为双檐歇山顶，施前檐廊，穿斗木结构，属典型的川西南民居建筑，是雅安保存很好的祠堂之一。

祠堂建成后，成为赵氏族中子弟的读书场所，并以此教育族中子弟谨记赵氏家训家规：敦孝

赵家祠堂全景，现为中坝村文化活动中心

悌、睦家族、力本业、慎交友、和兄弟、训子弟、尚勤俭、戒争讼、遵法律、禁非为。

1959年，赵家祠堂改为村小，直到2000年村小废业，才恢复祠堂功用。2014年，在赵氏族人以及社会各界人士的共同努力下，祠堂进行了维修保护，成为该村的文化活动阵地。

祠堂的雕花垂柱、悬鱼有一定特色。板壁上、窗楣间遗留有旧时标语，为特殊时代印记。

赵家祠堂的雕花垂柱

赵家祠堂的悬鱼

# 黄氏宗祠

## 建筑概况

黄氏宗祠位于汉源县富庄镇永兴村,依山而建,坐东朝西,为典型的砖木四合院结构。主体建筑由3间正房、南北厢房、天井和门厅组成。

## 历史记载

黄氏宗祠也称七姓将军总祠堂,为纪念七姓将军而建。富庄镇永兴村《黄氏族谱·序》中记载:"尝考我来黎始祖黄和轻公,于洪武四年奉旨……住坐邛州镇守九年,又于十四年奉旨拨征云南西炉二处……复于十五年回师黎州,再奉旨任总旗指挥七姓九所将军。是时七姓协力同心,外掌军务,内施教化,开垦山地。树高三丈,草深三尺,荆棘丛中,猛虎毒蛇,无处不是。受命于危难之际,开拓于险阻之中,上忠国事,下安黎庶。"

据《汉源县志》记载,黄宗祠始建于清乾隆四十七年(1782年),距今已有240多年历史,其后多次损毁,多次修复。现建筑为黄氏族人2013年芦山地震后重建。

## 特色看点

### ■ 石鼓、柱础

建祠之初遗留下来的只有一对石鼓和一对狮子柱础。石鼓在正堂大门处,由两只无头的神兽背着两个圆圆的鼓石,守护着四合院。狮子柱础在正堂的柱子下,左侧的石狮子连接着木柱下面的石墩,仰首伸向院坝,前肢也踩进了院坝,脖子上雕刻有铃铛;右侧的石狮子头已不见。石狮子雕刻精美,线条清晰,是四合院最让人称道的遗存。

石狮柱础

堂前石鼓

# 文庙·字库塔

德国建筑师恩斯特·伯施曼1905年拍摄的名山区黑竹镇文武庙字库塔。图片引自邛崃麻辣论坛《寻找德国人恩斯特·伯施曼拍摄的四川邛州村落》

# 名山文庙

全国重点文物保护单位

## 建筑概况

名山文庙位于名山区蒙阳镇的月华山上，是一处保存较为完好的清代石木结构古建筑群，总占地面积6000多平方米。名山文庙坐东朝西，建筑群以中轴线对称布局，有棂星门、泮池、大成门、大成殿、崇圣祠，次要建筑包括乡贤祠、忠义祠、名宦祠、节孝祠、南北两廊庑。建筑布局东高西低，层层递进，沿袭中国古代建筑学的对称传统，于紧凑结构中尽显大气磅礴。

名山文庙是名山区崇文重教的传统象征。建筑布局讲究，结构严谨，雕刻精美，艺术性强，是四川境内布局结构保存较为完整的一处文庙建筑，具有重要的文物价值，2013年被国务院公布为第七批全国重点文物保护单位。

## 历史沿革

明正德九年（1514年），名山文庙始建，原址在名山区月华山下。明末清初毁于战乱。清康熙、雍正、乾隆年间，重修大成殿，并增建崇圣祠及两边廊庑。清道光二十一年（1841年），迁建于月华山顶，并扩建文庙。民国7年（1918年）培修。1960年，名山文庙成为名山中学校址，建筑用作教室、图书室。2008年"5·12"汶川地震和2013年"4·20"芦山地震中，名山文庙建筑受损，后修复。

名山文庙全景，文庙与名山中学融为一体

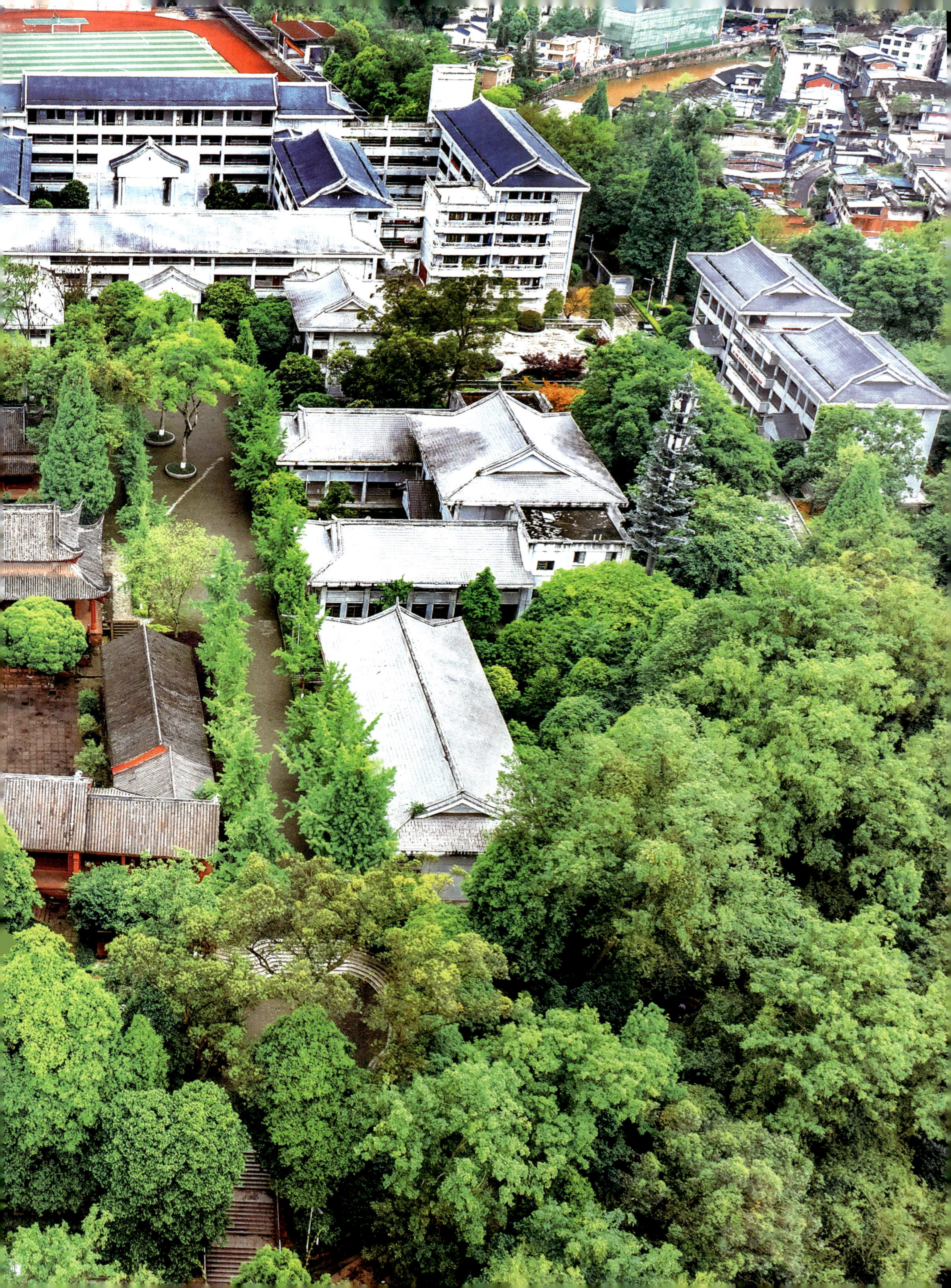

棂星门、泮池、泮桥

## 特色看点

### ■ 棂星门
棂星门是名山文庙入口，为四柱三门冲天式石牌坊，前后用石抱鼓夹抱，额前方为"棂星门"三字，额上层刻月兔金马图，背面为日月图，意寓孔子的德行与日月同辉，彪炳千秋；门上挺立吉象、金狮、麒麟、灵蟾四座寓意吉祥的石兽。

### ■ 泮池
穿越棂星门便是泮池，池上并架三座三穿九孔石拱桥，中桥称状元桥，两边为探花桥和榜眼桥，十二条昂首蛟龙为桥栏；每逢中高考之前，学生会走走状元桥，祈福金榜题名。

### ■ 大成门
大成门为两排雕花厢房廊庑之间的通道，面阔五间21.60米，进深10.7米，穿斗式结构，悬山顶。

大成门

### 雅安古建筑·第一辑

■ **大成殿**

该殿是祭祀孔子的场所，殿内主要供奉孔子塑像和牌位。面阔五间21.05米，进深三间9.6米，通高13.5米。建筑为歇山重檐抬梁式屋架、飞檐翘角，气势不凡、宏敞肃穆。

■ **崇圣祠**

供奉孔子家族五世（木金父为肇圣王，祈父为俗圣王，防叔为诒圣王，伯夏为昌圣王，叔梁纥为启圣王即为孔子父亲）的塑像和牌位，规模比大成殿小。该建筑为重檐歇山顶，穿斗式结构，面阔三间15.05米，进深三间11米，通高8米。

崇圣祠，为重檐歇山式建筑

大成殿

### ■ 丹陛

大成殿前一块硕大方正的丹陛浮雕石板四边刻有图案，似牡丹盛放，也如巨龙摆尾。石板中心原刻有一条蟠龙。这样的构建在皇宫建筑中才可以见到，是至尊权威的最高象征。

### ■ 浮雕

文庙内随处可见浮雕，每一根立柱都有刻满了图案的柱础：戏珠的双龙、飞舞的凤凰、老实"镇守"房基的神牛，以及各种戏曲故事，历经风霜却依旧栩栩如生。

丹陛浮雕石，上面的蟠龙已不见

柱础"蟾宫折桂"

柱础"丹凤朝阳"

民间故事"赵燕求寿"

# 清溪文庙

省级文物保护单位

## 建筑概况

　　清溪文庙，又称孔庙，古称学宫，位于汉源县清溪镇新黎村，始建于清雍正七年（1729年），嘉庆四年（1799年）迁建今址。清同治九年（1870年）重建，清光绪九年（1883年）告成，历时13年，布局比嘉庆四年营建的文庙更讲究对称。文庙古建筑群迄今有200多年历史，仍较完整地保留了清代建筑的形制，既具有中原官式建筑的构架体系，又有西南少数民族装饰手法；在造型、建筑艺术与结构处理方面十分精彩，是研究少数民族地区乡土建筑的重要实物资料。清溪文庙是全省保存基本完备的8处文庙之一。

　　文庙以大成殿为中心，分九大院落，三大部位，占地5145平方米。整个建筑以木刻、石雕、陶塑、纹饰砖作装饰，布局严谨，南低北高，东西对称，浑然一体。

清溪文庙俯视图，形似状元帽

### ■ 万仞宫墙

万仞宫墙位于建筑群的最南端，两侧与贤关门、圣域门相连。宫墙十分高大，通高8.92米，长15.3米，厚0.48米，下端为高1.12米的须弥座，墙身用砖砌筑，净高6.28米，墙身中间为长方形壁心，壁心用万字纹砖砌筑，四角和中间均有精美的砖雕。墙心上方为著名书法家张大成所书的"万仞宫墙"四字。宫墙的墙头为庑殿顶，上布灰色筒瓦。

### ■ 棂星门

棂星门位于万仞宫墙后侧中轴线上，为三间四柱冲天式石坊，总高7.98米。台基长6.82米，宽3.22米。冲天柱柱头为蟠龙缠笔石雕，似神笔直指苍穹，非常奇特。明间上枋的正背立面分别雕刻有"二龙戏珠"和"丹凤朝阳"图案；下枋的正背立面雕刻有"新科状元打马游街""武状元受人恭贺"故事。

### ■ 泮池

位于棂星门与大成门之间的中轴线上，呈半圆形，直径16.5米，周围用栏杆围合，栏杆柱头上雕有各种人物及吉祥动物石雕。泮池上有三座泮桥。桥长13.3米，桥面宽1.85米，桥面铺砌万字纹饰方砖，桥两侧用栏杆围护。状元桥的前面，有两尊狮子，一公一母，左右相顾。狮雕的底部是方形的石座，左右两边各有一株牡丹，一株含苞待放，一株已经盛开，具有一定象征意义。

清嘉庆《清溪县志》中的孔庙图

万仞宫墙，位于文庙的正南门，用于表达人们对孔子的赞扬和尊敬

棂星门是一道石刻牌坊，四根石柱的顶端是飞龙缠绕的毛笔造型

文庙·字库塔

泮池及泮桥，两尊狮子底座上的花朵，左边花蕾未开，右边已经开放

贤关门，曾是达官贵人出入的大门

圣域门，古时为寻常百姓出入的大门

■ 大成殿

此殿是孔庙中等级最高的建筑，为重檐歇山式屋顶。面阔七间，25.5米，进深五间，14.5米；台基长28米，宽16.9米，高3.5米。建筑面积534平方米，为抬梁式大木构架。屋面铺盖黄色琉璃瓦，正脊中间为"二龙戏珠"，反坐鸱吻。殿内主神龛，供奉孔子及颜子、曾子、子思和孟子四贤弟子塑像。山面墙壁上彩绘有"尼山降圣""著书立说""杏坛讲学""问礼老聃""周游列国""孟母教子"的儒家故事；垂脊上为龙形图案。该建筑是研究地方农耕文化、宗祀祭奠、民间传说、风俗衍变等的重要建筑。

大成殿前的香炉，前后均雕"二龙戏珠"图案

文庙·字库塔

大成殿　　　　　　　　　　　　大成殿内的孔子牌位

151

## 特色看点

### ■ 状元碑

棂星门前偏南有一座状元碑，由三部分构成。上部为"状元碑"三字，隶书，竖写，左右分别为飞舞的龙、凤伴祥云，寓意"龙凤呈祥"。底部为驮碑的赑屃。状元碑的碑身为现代增设，碑座为古物。

状元碑，下为赑屃

状元打马游街图，状元喜气洋洋，百官形态各异，所有人物形象栩栩如生

■ 丹陛

文庙中的丹陛共有三个，分别位于大成殿屋檐台阶、大成殿前石壁和戟门前檐廊上。大成殿前石壁上的丹陛为盘曲的石龙，采用镂空雕，与几米外坎角上伸出的龙头相互呼应。

■ 雕饰

文庙中的雕饰主要集中于棂星门、状元碑、柱础、垂柱等建筑物及其构件上，以镂雕、浮雕等形式呈现，与文庙主题对应，多处雕刻有琴、棋、书、画等图案雕工细腻、形象生动，为清溪文庙的一大特色。

戟门上的木雕"鱼化龙"，寓意学子前程美好

柱础雕刻"琴、棋、书、画"之一

大成殿前的龙形丹陛

153

# 雅安文庙

县级文物保护单位

## 建筑概况

雅安旧有府、县两文庙，现仅存县文庙棂星门，位于雅安市中医院内。此处曾为雨城二小校址，故此牌坊又俗称"二小石坊"。民国《雅安县志·卷二·祠祀》记载："县学文庙，在县署前……清道光乙巳建……为棂星门……"

该坊建于清道光二十五年（1845年），坐北向南。为仿木构红砂岩石质门楼式建筑，四柱三间。由于四柱出檐，有冲天之势，故又称为冲天式牌坊。牌坊占地面积14.4平方米，通高5.9米，面阔8米。长方形柱础，长1.8米，宽0.4米，高0.5米，柱下均施抱鼓石。明间横匾南北两面从右至左楷书"棂星门"三字；各间檐下施镂空雀替，下横坊共有7个长方形孔洞，是早年安装坊头的位置。南面明间两横坊分别浮雕"二龙戏珠""双凤朝阳"，其余横坊雕饰"鹿鹤同春""麒麟送书"及"祥瑞花草"。各间坊柱营造简朴，顶上作云罐状，若毗卢帽，此形制在宋《册府元龟》中有载。

雅安文庙棂星门北面

文庙·字库塔

南面横枋上的"双凤朝阳"

南面横枋上的"二龙戏珠"

南面横枋上的"鹿鹤同春"

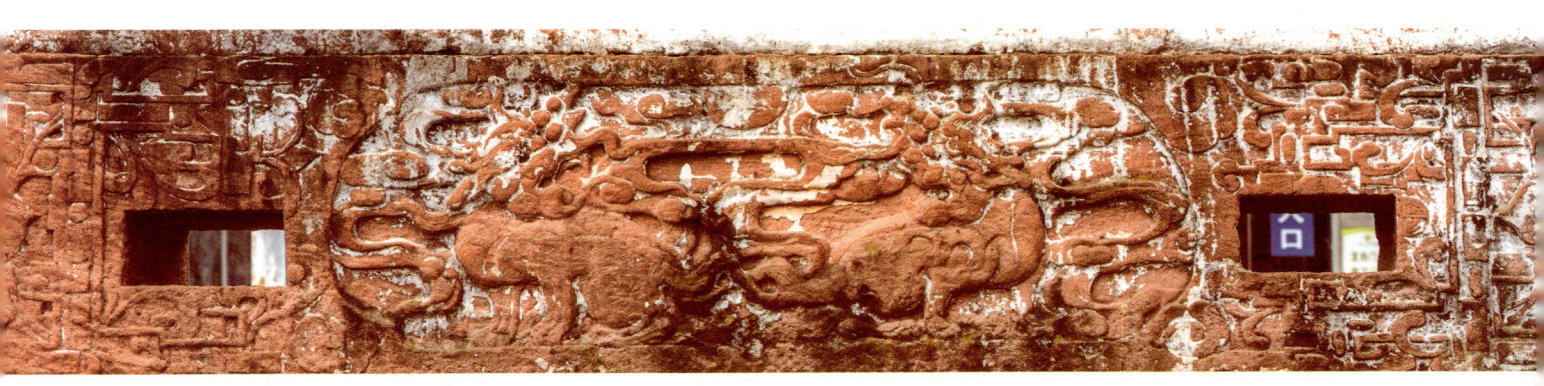

南面横枋上的"麒麟送书"

# 上里字库塔

省级文物保护单位

## 建筑概况

上里字库塔位于雨城区上里镇四家村，也称文峰塔、文笔塔或文兴塔，建于清同治五年（1866年）。该塔为石质空心五层楼阁式建筑，分座、身、刹三部分，基座平面呈六边形，边长1.8米，塔通高10米，占地15平方米。

塔身各层均为正六棱柱形，从下至上按一定比例逐层内收，各层之间有塔檐紧密相连，檐角设计为飞檐造型，使塔体在巍峨、稳重中不失雅致，也寄寓上里子弟"一展鲲鹏之志"的美好愿望。顶部塔刹由刹座和宝顶组成，宝顶为观音净瓶样。

## 特色看点

### ■ 多重文化意象

塔身第一层北面镌楷书"文光射斗"四字；六面柱上镌楹联三副，多以劝人惜字为主要内容。塔身东南面自第二层以上各开有一扇塔门，作佛龛样式，象征以儒作佛，表尊儒之意。塔东面镌铭文一篇，楷书竖排15行，首句即有"仓颉造字而天地精，以发抑自文昌"之说，后文还有"文人学士""惜以重者寥寥""咸知字之宜惜焉"以及"两岸无锁""固财源以为藏字之宝库"等字样。从塔身第五层除去东南面所开塔门外，其余各面皆为外圆内方的钱币符号，表明此塔还同时兼具"钱库"功能。诸多意象表明，此塔修建初衷是要惜字崇文、保风水地脉、稳固财源。此塔融"儒、释、道"文化于一体，成为清代上里儒、释、道文化完美融合的实物例证。1935年红军镌刻的标语，又为此塔注入红色基因，成为内涵更丰富的文化意象。

字库塔上的红军标语

文庙·字库塔

上里字库塔

# 河心白塔

市级文物保护单位

### 建筑概况

河心白塔位于芦山县龙门镇青龙场村，占地20平方米。该塔建于清同治八年（1869年），为楼阁式六角形空心塔。砖石结构，共3层。卵石台基呈正方形，边长5.0米、高1.0米。塔身由砖砌成，通高17.0米，每层高4.0米，塔刹高4.0米，每层有5个窗孔。塔第一层西面刻有题记，署建塔年月为清同治八年。河心白塔对研究当地的民俗、文化和宗教有参考意义。

河心白塔

刻于塔上的"建修字库塔题记"

# 龙泉字库塔

县级文物保护单位

## 建筑概况

龙泉字库塔位于雨城区中里镇龙泉村，当地俗称字库。该塔建于1911年，为5层石质空心楼阁式建筑，分座、身、刹三部分，通高6.8米。塔基平面呈方形，边长1.28米，占地面积1.64平方米。塔身为正方形，计4层，从下至上逐层内收。塔身西北面第一层作穹窿形龛，第二层凿镂空钱币图形。刹呈宝瓶形。从身至刹，各层均施四翼华盖。塔身第五层从东南面起，分别镌"文光射斗"四字。

字库塔上的红军标语

如今的龙泉字库塔处于民居的墙角中

# 文武庙字库塔

## 建筑概况

文武庙字库塔位于名山区黑竹镇鹤林村文武庙旁边，建于清道光丙申年（1836年）。字库塔坐南朝北，共5层，每层有6个面6个角。每层塔有3米高，加上塔尖大约18米高。塔尖如一毛笔尖，直刺云天。现在看到的塔，下面3层为原构，上面2层和塔尖为新建。两层塔之间，镶嵌着古色古香的木质建筑，每层塔身上都有浮雕、镂雕以及圆雕图案，其中底层6个面上的浮雕有26个人物形象。雕刻内容多为劝学向善的历史掌故以及各种人物花鸟造型，雕刻构思精巧，线条流畅，刀工娴熟，凿磨细腻，形象逼真，别有一番风味。

## 历史典故

清光绪二十八年（1902年），33岁的德国人恩斯特·伯施曼来到中国，拍摄下20世纪初中国各地典型的建筑、风景、文化及日常生活照片，并在《中国建筑与景观》书中插图288幅，其中，有一幅标记为"四川邛州村落"的老照片，其实就是原廖场老街口的文武庙和字库塔。

恩斯特·伯斯曼拍摄的文武庙字库塔　　字库塔上的雕刻

文庙·字库塔

经过维修后的文武庙字库塔

# 中坝字库塔

县级文物保护单位

## 建筑概况

中坝字库塔位于芦山县宝盛乡中坝村，建于清同治十二年（1873年），占地面积2.4平方米。该塔为楼阁式四方形石塔，共3层。塔基用条石建造，共四层。塔身每层高1米。塔第一、二层有小门。第一层东、南、北三面及第二、三层东面均有雕饰圆窗，通高5.1米，字库题记："……重修饼（并）墙一赌（堵）、字钱库一坐（座）……同治十二年仲夏月中浣日谷旦立"。塔尖已在2022年"6·1"芦山地震中损坏。

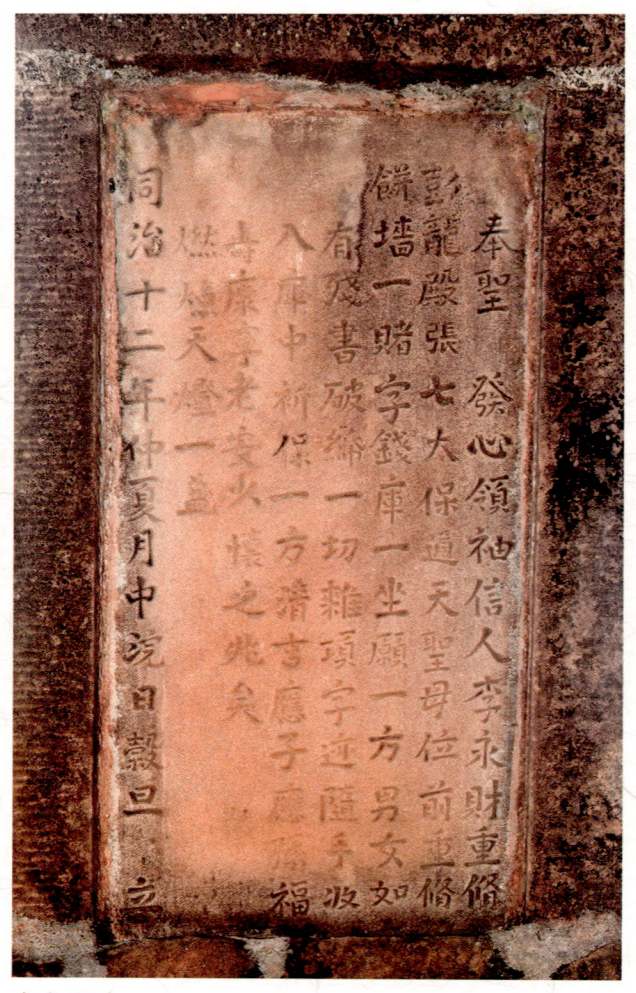

中坝字库塔

字库题记

# 牌坊

1913年10月，德国驻四川总领事弗瑞兹·魏司在雨城区南城门外武侯祠旁拍摄的魏氏节孝坊，其形制与九襄石牌坊类似

# 九襄石牌坊

全国重点文物保护单位

## 建筑概况

九襄石牌坊位于汉源县九襄镇，建于清道光二十九年（1849年），系县内恩贡黄体诚请旨旌表其母、嫂之"节、孝"而建的双节孝牌坊。

牌坊建筑式样为四柱三间七楼牌坊，石坊通高11.1米、宽7.4米、深1.9米，全部由红砂石建构，由坊座、坊身、坊顶组成。整座牌楼由4根梅花柱支撑并将牌楼分隔为中门和东西两侧门。

坊座为8座南北夹持的跨兽人物抱鼓石，分别扶持4根石柱，抱柱顶端刻有8尊立体仙佛，跨狮伏虎，各具形态。

坊身共4层，称为"4层多脊檐"，由4根大石柱支撑。牌坊中间最高一层楼盖下南北两面正中为高1.4米、宽0.9米、前倾15°的镂空八龙盘绕的火焰边"圣旨"竖匾，两边有镂空圆雕的文臣武将护卫。中间一级北为"节孝"、南为"姑媳冰霜"横匾。再下的长方形栏额板上，北面刻"建坊工程记"，南面刻黄家姑媳的节孝事迹。北面东西侧门横额分别刻"浑金""璞玉"；南面分别刻"钟礼""郝法"（晋代贤妇钟氏之礼、郝氏之法）。立柱南北两面均有阴刻楷书对联。在各层楼盖的脊头上、岔脊上共镌刻8个"鸱吻"和16朵云纹飞檐。

坊顶为中脊上矗立的镂空宝塔，为全坊的最高点，高度1.8米。

整座牌坊造型美观，庄重华丽。2013年3月5日，九襄石牌坊被列入第七批全国重点文物保护单位。

## 典故传说

据传，黄体诚祖父原籍陕西，迁来九襄因与清溪知县是同乡，得以专销官盐，成为富商。后逢今万里乡银厂沟垮山，出现银矿，当地人误是岩盐，黄家以岩盐价收买矿石提炼白银，遂成为县境首富。为保家产，黄体诚勤奋读书，适遇朝廷庆典加贡一次，考取恩贡，在功成名就之后，遂请旨建节孝坊，历时9年，耗资巨大，终成此坊。

"圣旨"匾额，九龙盘绕，火焰镶边。顶上的盘龙和最下面的两条龙皆有损毁

牌 坊

九襄石牌坊正面

上：坊座为8座抱持石柱的抱鼓石
下：牌坊北面的阴刻匾额"节孝"

上：牌坊南面中门的雕花雀替、楹联、横额和姑媳二人的事迹
下：南北两面次额枋上的"朴玉""浑金""郝法""钟礼"书法

## 特色看点

### ■ 牌楼雕饰

九襄石牌坊最引人入胜的是坊景雕饰，多为镂空或半镂空的高浮雕，共有浮雕169幅，圆雕13座。其中装饰纹样40余种，人物571个。浮雕人物一般高约0.2米，圆雕人像则有高达1米的。雕饰全部上彩，虽经160多年风雨，仍依稀可窥当年五彩斑斓之盛状。雕饰题材十分丰富，内容以"忠、孝、节、义"为主题，以48部传统川剧戏曲为主体，涵盖戏剧、神话、小说、民间故事等。表现形式既有单幅一事，也有一事多幅连续。现能辨识的有"薛仁贵征东""四郎探母""十二

浮雕"卸甲封王",是关于唐代郭子仪的戏曲故事

寡妇征西""七仙女下凡""张公百忍""包公审二鬼偷油""三娘教子""和尚戏柳翠""连环计""西厢惊艳""古城会""三英战吕布""赵云救阿斗""郭子仪卸甲封王""渭水垂钓""穆桂英挂帅""蟠桃会(大和图)""目连救母"等。众多造像面目清晰、准确生动,个性鲜明,栩栩如生。

牌坊上的竖幅石刻多为戏曲故事,许多曲目内容尚未破解

# 蒙山净居寺石牌坊

全国重点文物保护单位

### 建筑概况

蒙山净居寺石牌坊位于蒙顶山镇蒙山村，与智矩寺隔溪相邻，占地面积74.53平方米。为三间四柱三楼五脊顶牌楼式建筑，面阔5.29米，通高5.89米，前后施抱鼓石。有花卉斗拱雕刻，脊上有鸱吻装饰，右侧脊上鸱吻装饰已毁，梁、柱、枋上雕刻精美。牌坊前方5.5米处为12级重带式台级，保存完好，后4.6米处残存5级台阶。该石牌坊保存完整，是明代牌坊研究的实物资料，具有较高的历史文化价值，2013年5月被公布为第七批全国重点文物保护单位。

### 历史沿革

蒙山净居寺为专管蒙山禅茶采摘的汉甘露祖师退居之所，昔名"退居"。明万历年间，僧会建石坊，更名"净居"，后历兵劫残毁。清康熙七年（1668年），僧法定重修石坊。寺僧分工专采"贡茶"。

净居寺石牌坊镂空雕刻凤凰

牌　坊

净居寺石牌坊正面

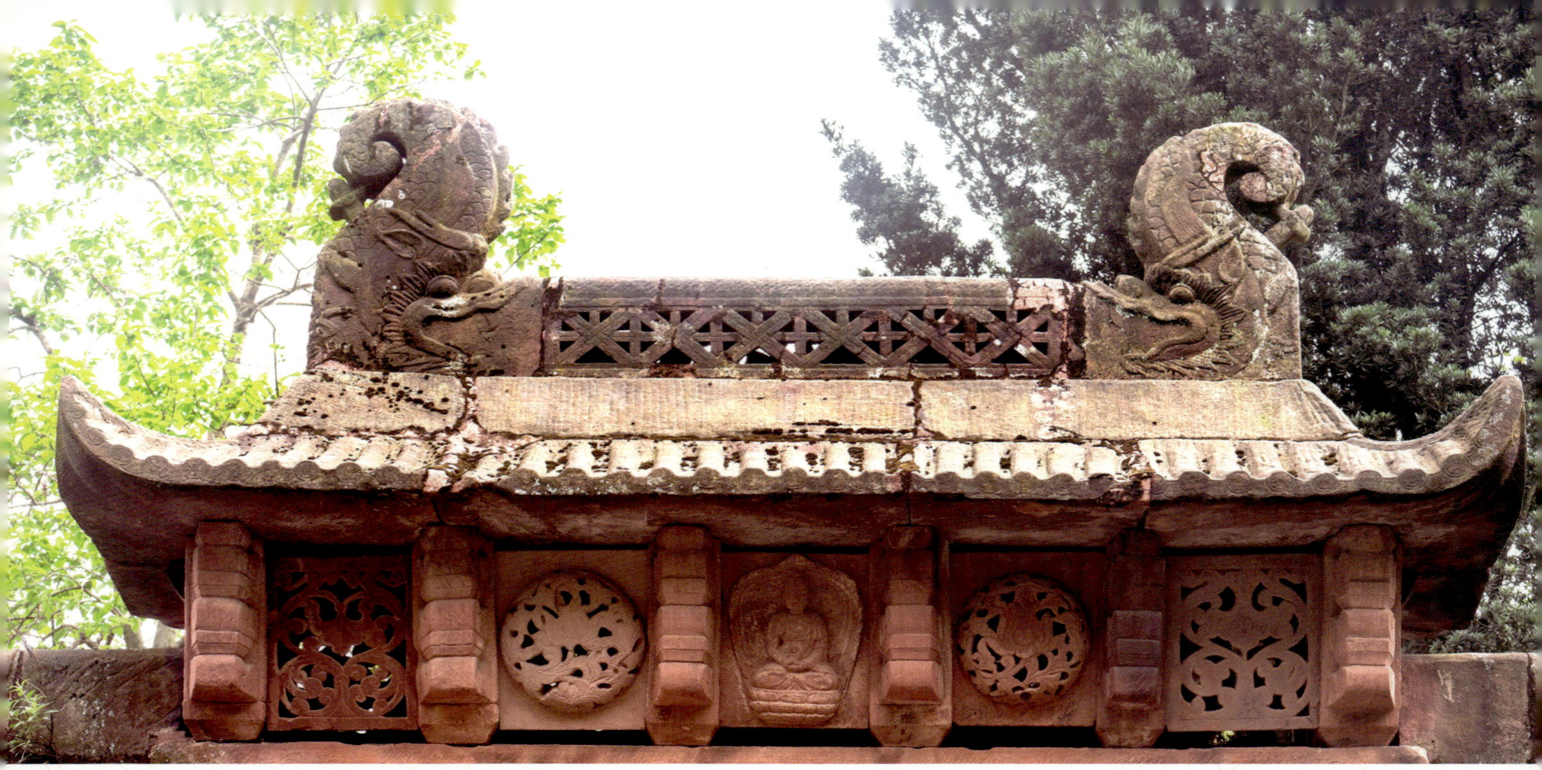

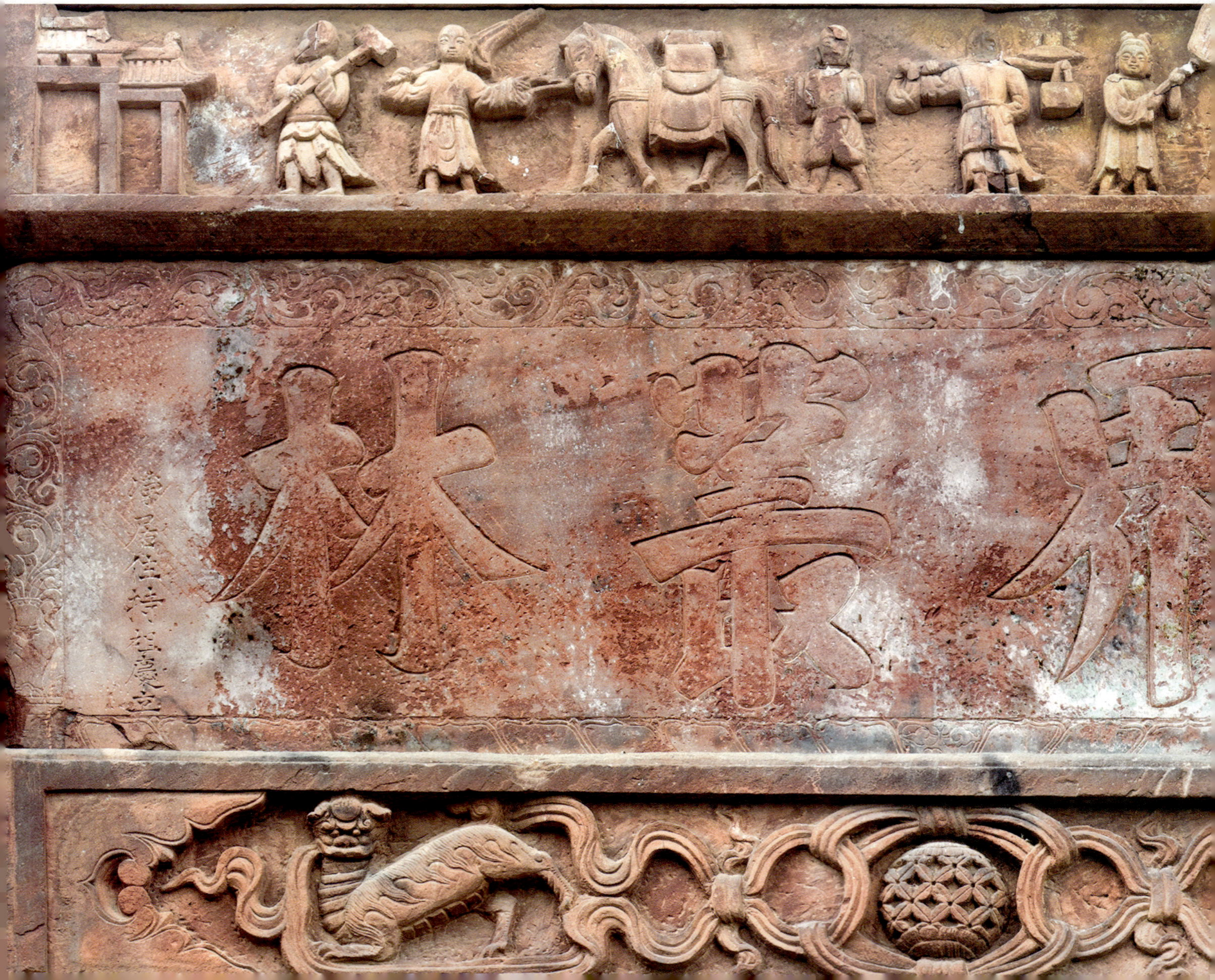

牌坊

净居寺石牌坊北面的书法"舍卫金地",上面为浮雕的各种花卉

### 特色看点

**■ 雕饰**

蒙山净居寺石牌坊造作古朴庄重,有花卉斗拱雕刻,梁、柱、枋上雕刻精美。坊盖为悬山式,中脊有镂空雕饰,两端有鸱吻与坊盖的四翘首相对应,中门坊盖下窗棂有4幅镂空雕,侧门窗棂各有2幅镂空雕。脊上有鸱吻装饰,中门的下横梁上有"双狮戏绣球"浮雕装饰。

净居寺最有意义的雕饰是位于正面的一组人物浮雕,画面中的人物体现了当时采茶、制茶、运茶、贡茶的过程,对研究蒙顶山茶文化历史有重要价值。

左上:净居寺石牌坊的鸱吻和镂空雕刻
左下:净居寺石牌坊南面的书法和雕刻。上部为采茶、制茶、运茶的过程图,中为"法界丛林",下部为浮雕"双狮戏绣球"

# 甘露灵泉院牌坊

全国重点文物保护单位

## 建筑概况

甘露灵泉院牌坊位于名山区蒙顶山五峰之下，明天启二年（1622年）立。因牌坊右门上方的"双狮戏球"浮雕常年干燥，而左门上方的"双凤朝阳"浮雕和中门上方的"双龙戏珠"浮雕却常年湿润；牌坊石屏风上的麒麟浮雕常年干燥，脚踏部位常年潮湿，加之屏风背面有仿唐代袁天罡的阴阳图，故该牌坊又被称为"阴阳石牌坊"。

该牌坊三门四柱，高6.63米，宽5.63米；为仿木重檐歇山式斗拱建筑。正脊和次脊两端的鸱吻不插宝剑，垂脊和戗脊不置走兽，这是本牌坊有别于其他歇山式建筑的地方。顶楼由4朵石质斗拱支撑，斗拱间饰圆形花卉图案。两边的次楼分别由3朵斗拱支撑。明间正面匾额为"西来法沫"，背面为"梵演弥陀"；左右皆有"开门图"和"鲤鱼衔仙草"图案；下为"二龙戏珠"浮雕；雀替为对称的大象，寓意吉祥如意。右次间匾额为"蒙雾聚龙"，背面为"不二禅宗"；下为"双凤朝阳"浮雕。雀替为"鱼化龙"。左次间匾额为"一瓢甘露"，背面为"三乘普渡"；下为"双狮戏球"浮雕；雀替与右次间相同。4根石柱皆由8个抱鼓石前后夹持。

牌坊是历代僧人进山采茶、入川检贡茶的钦差大臣必经之路。牌坊及其精美的镂空雕刻，历经300多年依然不减风韵，2013年被列入第七批全国重点文物保护单位。

甘露灵泉院牌坊正面、麒麟阴阳石屏风及汉代石狮

牌 坊

雅安古建築·第一辑

## 特色看点

### ■ 麒麟屏风

牌坊前立一屏风，高2.58米，宽2.20米，浮雕麒麟，头顶云雾，足踏海水，无论晴雨，其图案的云雾和海水潮湿欲滴，而麒麟却能始终保持干燥，为蒙顶山之一大奇观。屏风两侧的石刻站立式石狮，是汉代石文化的有力佐证。

### ■ 牌坊题字

石牌坊上面有6幅题字，字体古朴遒劲，融合了儒、释、道三教的精髓，是蒙顶山的一大艺术瑰宝。

"西来法沫"题字及其周边雕刻

"蒙雾聚龙"及其上下浮雕

"一瓢甘露"及其上下浮雕

甘露灵泉院牌坊和麒麟阴阳石屏风的背面

# 飞仙关南界石牌坊

全国重点文物保护单位

### 建筑概况

飞仙关南界牌坊位于芦山县飞仙关镇老街,地处芦山县、天全县、雨城区三地交界处。飞仙关被誉为川藏线"第一咽喉",是西出成都茶马古道上的第一关。宋代建关城。明万历十六年(1588年)建"芦山县南界"石牌坊。清道光二十九年(1849年)建关门洞。现尚存两柱一门的牌坊关门及城墙一段。在牌坊门洞上两长条石构成的坊额上,南北两面皆刻有"芦山县南界"5个字,字迹清晰,为清朝嘉庆年间刻。1935年,红军在牌坊石柱上刻有"争取赤化全川首先胜利"标语。2013年,该石牌坊作为"茶马古道"(四川段—雅安)的一部分公布为第七批全国重点文物保护单位。

左:牌坊石柱上刻有红军标语,还有乾隆年间的楹联
下:"芦山县南界"刻石

飞仙关南界石牌坊及城门洞

# 节孝总坊

省级文物保护单位

## 建筑概况

节孝总坊位于雨城区青衣江畔的北纬30°公园旁，占地面积22平方米，为清廷旌表298位贞节妇女而建。据《雅安市志》（1992年版）记载，该牌坊修建时间为清代中期，距今有200多年历史。

牌坊为仿木构砖石结构门楼式建筑，共四柱三间五楼，通高12米，面阔8米；长方形柱础，长2.6米，宽0.85米，厚约0.25米，每柱均施抱鼓石。

牌坊为庑殿顶，瓦楞式，飞檐翘角，主楼匾分刻"旌表""节孝总坊"。明间横坊上书刻298位贞节烈妇姓氏，一面刻的是贞女，另一面是烈女（即殉难贞女）。明间柱上东西两面镌楹联两副。

该坊为雅安市境域内唯一一座砖石结构牌坊，其建筑体量高大，气势巍峨，构思精巧，形制独具特色，2019年1月被列为第九批省级文物保护单位。

飞檐

牌　坊

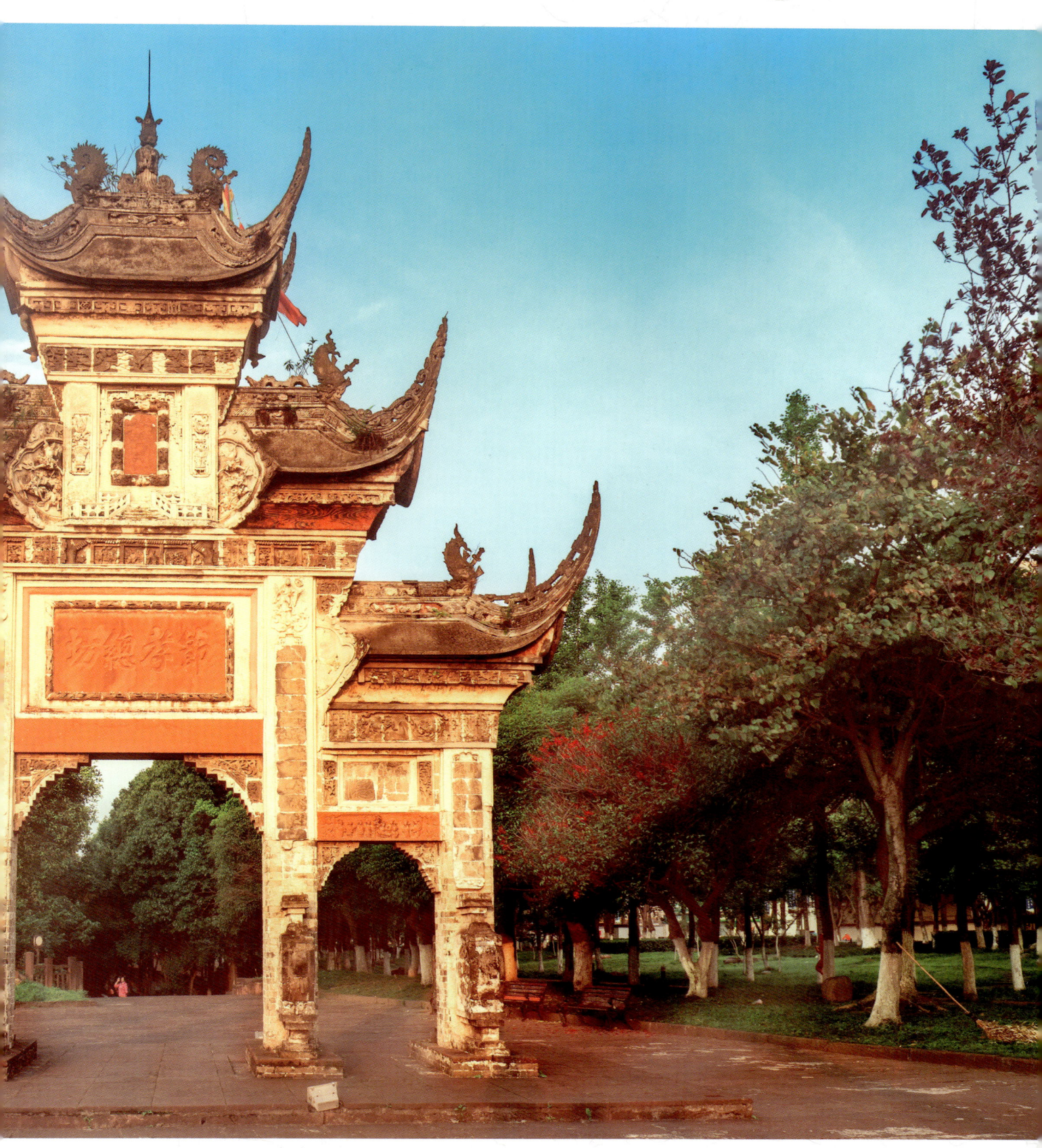

晨光照射下的节孝总坊

"旌表"匾额，四周为龙抱柱

### 特色看点

**■ 砖石牌坊**

节孝总坊为青砖与红砂石结合，牌坊主体由青砖砌成，在各个层级间及横楣和匾额采用当地特产的红砂石，其上雕刻纤细精致的文字和戏曲故事。雅安节孝总坊宏伟壮观，工艺精巧，是雅安市唯一保存完好的砖石结合的牌坊，具有很高的历史和艺术价值。

明间立柱上的对联下显露出青砖痕迹

明间梁上雕刻"战洪州"及明间雕花雀替

■ **砖雕**。牌坊的砖雕技法主要有阴刻、浅浮雕、深浮雕、圆雕、镂雕、平雕等。在牌坊各层的各个翘角或边缘上，陪衬着以灰泥雕塑和镶嵌瓷片。砖上雕刻人物、花卉、珍禽、瑞兽及戏曲故事，且施红、黄、蓝、白等彩，雕刻细腻，形态逼真，色泽亮丽。其砖雕形制结合了陶的制法，在雅安一带非常少见，展现了清中晚期精湛的制陶和砖雕工艺，是不可多得的艺术珍品。

抱鼓石上的砖雕

# 韩氏双节孝石牌坊

省级文物保护单位

## 建筑概况

韩氏双节孝石牌坊位于雨城区上里镇四家村，坐北向南，总面积120.54平方米，建于清道光十九年（1839年），为褒扬韩氏姑媳节孝而敕建，1980年7月被列为四川省省级文物保护单位。

牌坊采用当地优质石英红砂岩石建造，为四柱三间式出檐多脊石雕坊，庑殿顶。通高11.25米，面宽7.25米，次间面宽1.9米。坊进深2米。长方形台基，长8.4米，宽3.9米，柱前后均施抱鼓石。由瓶式塔、两鸱吻、四翘角组成一级楼盖。主楼3层，分别匾刻"圣旨""双节孝""建坊记""大清道光十九年"，其中"建坊记"全文90余字。横坊及坊匾四周浮雕戏曲人物若干，明间横坊下施雀替，次间两幅横额题刻"松柏""同贞"，背面刻"日月""同照"。明、次间柱上阴刻雅州府雅安县拣选知县向瀛楹联两副，书法遒劲。外柱上联刻字为"劲节一门虽率己"，下联为"蕴纶万里喜重申"。里柱上联刻字为"启后承先慈孝连徽两世"，下联为"旌贤表德恩荣并迓九重"。

该坊营造宏伟，雕刻奇巧，集建筑、书法、雕刻艺术于一体，是雅安保存很好的一座典型的贞节道德坊，1935年红四方面军在立柱上刻上标语，使其具有历史性和革命性双重文物价值。

牌　坊

韩氏双节孝石牌坊，前面为两根石桅杆

## 特色看点

### ■ 雕饰

坊上雕有镂空图饰花纹、历史故事、戏曲坊面、匾额对联等，坊的正中刻有"双凤朝阳""二龙戏珠"图案。基座上刻有青狮、白象。顶梁上下刻20余组100余个戏剧和寓言故事。石坊建成后施石青、石绿、石红、金箔等彩绘。整个雕饰自然古朴，镌工精细，造型逼真，形态呼之欲出。

### ■ 桅斗

坊南约8米处立六棱四方双斗石桅杆1对，通高11米，两杆相距约12米。桅杆柱础分为3层，上层为八角圆形，周长2.9米，直径0.9米，厚0.22米；中层为正方形，边长1.15米，厚0.45米；柱上双斗四面镂空成钱形孔，桅杆上有红军标语4幅，为1935年红军途经上里时所刻，主要内容为"抗日反蒋"。

宝瓶形状的刹顶

牌坊的局部。清晰可见镂空雕刻的花卉，长胜盘绕的"福"字，以及"八仙贺寿""郭巨埋儿""乳姑不怠""郭府寿""三英战吕布""二龙戏珠"等浮雕

抱鼓石上的石雕"欢天喜地"

四面镂空呈钱币形的雕花桅斗

# 陈家山牌坊

省级文物保护单位

## 建筑概况

陈家山牌坊位于雨城区上里古镇东部陈家山犀牛望月处（又称生基茔）。牌坊共2座，分别为"九世同居坊"和"陈瞿氏节孝坊"，分别修建于清嘉庆六年（1801年）和清道光十五年（1835年）。两坊坐北向南，沿东西向呈"一"字形排列，总分布面积约280平方米。牌坊选材考究，建造巍峨，石雕奇巧，凸显清代建筑、雕刻艺术之高超，是雅安存留不多的清代石坊之一，为研究清代建筑史提供了珍贵的实物资料，因其具有独特的历史、文化和艺术价值，2019年1月被列入第九批省级文物保护单位。

抱柱石上的石狮

牌　坊

陈家山牌坊处于绿林翠竹之中

九世同居坊的北面，十朵斗拱支撑着主楼和次楼

## 特色看点

### ■ 九世同居坊

由上里陈氏第八代、第九代族人修建，是反映古代宗族家庭形态的实物例证，其造型和文化的独特性在我国现存牌坊中较为少见。因形制为宗支碑和牌坊的结合体，因此又叫九世同居宗支坊。牌坊记载陈氏家族九世不分产、同居共爨生活的经历，昭示陈氏先祖"嘉德懿行"，以教化激励后世子孙。

牌坊为仿木构红砂岩石质屋宇碑楼式建筑，榫卯结构。长方形柱础，六柱五间五楼，三重檐庑殿顶。坊通高6.2米，通面阔11米，结构复杂，气势宏大。南面明间存一对石狮；次、梢二间柱下施抱鼓石。

坊顶正脊两端各饰一鲤蛟鸱吻，明、次间楼部共铺斗拱10朵，将屋顶撑起。其下嵌7扇菊花透雕窗饰，加上南面次间施浅浮雕菊花2朵，共9朵，因菊与居谐音，以此暗示陈氏"九世同居"的人文含义。

牌坊南北两面主楼横匾分别题"蔚秀名山"和"覃恩启后"，分别为清嘉庆六年（1801年）四川兵备道正四品道员徐长发和四川总督孙士毅题写。

牌坊南面明间柱上书刻"生既不异居死当同穴，祖已择利地孙只和人"的楹联，北面柱上刻"溯本溯源祖远宗近皆胪列，阅人阅世子千孙亿尽分明"楹联，讲明竖立牌坊的目的和对子孙的教化。

牌坊南北两面的明间和左右稍间，分别书刻《宗支录》《瓜瓞绵延》《陈氏家训》，完整记载陈氏家族由楚入川、几经迁徙、在上里陈家山入籍定居，繁衍生息乃至实现九代同居的家族历史，总结了陈氏治家的经验和训诫后人的信条。

九世同居坊南面主楼横匾上的"蔚秀名山",上为"三官赐福"浮雕,下为卷草图案

南面次间雕刻的菊花图案

九世同居坊南面左右次匾上分别雕刻着"雅范""常新",下面的浮雕分别为"丹凤朝阳"和"鲤鱼跳龙门"

陈瞿氏节孝坊

## ■ 陈瞿氏节孝坊

距九世同居坊西约 7.8 米处，为旌表陈绍真之妻陈瞿氏之节孝，于道光十五年（1835 年）建。牌坊为六柱五间，次间为后期维修添加。其形制与九世同居坊相似。南北两面的顶楼檐下两边均为镂空菊花窗饰；南面中为九条龙捧着"节孝坊"三字，"九龙捧牌"为该坊的特色之一；北面则为菊花和卷草组成的净瓶，中间也为"节孝坊"三字，但南北两面的"节孝坊"在书写、字体上均大不同。

明间正梁的梁坊上，南面刻着二十四孝故事，背面为"二龙戏珠"图案。南面的主楼横匾上为阴刻"节垂史书"，左右和上边分别为八仙图案，下为"双凤朝阳"；背面的字迹已漫漶不清。

南面明间的碑上刻着陈瞿氏的节孝事迹。牌坊的南北两面的次匾上都有字迹，但已模糊不可辨认。稍间的右边为"计开事实"四字，左为堪舆人员、石匠和书写者名单。北面明间为"旌表已故业仪陈绍真之妻陈瞿氏之节孝坊"，左右稍间分别为立坊目的和后祀人员名字。南北两面的次间均为菊花图案。

"九龙捧牌"

牌坊

位于牌坊东面的桅斗，完全被竹林包围

"福"字的书写如蟠龙

"禄"字的书体类似于现在的黑体字

正面菊花图案，侧面为"寿"字

■ 桅斗

坊前共有单斗桅杆1对，与两坊各距3.5米和4.85米，桅杆通高11米，两杆相距43米。桅斗底座为正方形石础，四周有抱鼓支撑。抱鼓简易，无雕饰。斗的四周雕刻"福、禄、寿"三字，寿字在两个桅斗上重复出现，三字的书体均有差别，此外，还雕刻有"麒麟望日"和菊花等图案。

麒麟望日

193

# 三皇宫石牌坊

省级文物保护单位

## 建筑概况

三皇宫石牌坊位于名山区双河乡云台村，高5米、宽3.8米、长1.5米，占地面积25平方米。石牌坊作仿木结构重檐歇山顶建筑，四柱三楼，明间和次间梁上均施斗拱。脊上刻鸱吻装饰。用抱鼓石稳固。明间枋上刻有"二龙戏珠"和花草浮雕。正面梁上嵌刻有一匾书"三皇宫"，右刻有"崇祯四年"题记；背刻有"万历甲寅年岁"题记。该牌坊具有较高的历史和艺术价值，2012年被列入第八批省级文物保护单位。2014年在石牌坊两侧砌条石护坡堡坎，夯实地基。

## 典故传说

相传，盘古开天，大地洪水滔天，一片汪洋。大禹受天帝之命，到云台山治理水患。伏羲、燧人、神农三皇在云台山之巅点化出了"三皇宫"，先民感念禹的恩德，在云台山上建起了一座庙宇，示子孙后代永世不忘大禹治水的功绩。后三皇宫毁于明末清初，仅余"三皇宫"石牌坊。

三皇宫石牌坊正面的匾额处阳刻"三皇宫"三字，下面为雕刻"二龙戏珠"，上刻"崇祯肆年岁序□未冬月庚午初二木□日建"

三皇宫石牌坊正面

三皇宫石牌坊背面的匾额处阳刻"翊赞两仪",意为"辅佐之功与天地日月并存"。下面为雕刻"双凤朝阳",右为"万历甲寅年岁进士邑人李芬题",上为"赦封元霄总司大帝、赦封金花总司大帝"

# 西湖胜景牌坊

省级文物保护单位

## 建筑概况

西湖胜景石牌坊位于天全县始阳镇破磷村石头寨，建于明朝嘉靖二十三年（1544年），天全土司高继光主持修建并题字。牌坊坐东南向西北，四柱三间三楼，红砂石质，柱前施抱鼓石，面阔9.5米。其中中门宽3.7米，边门各宽2.9米，通高4.3米。中门匾刻"西湖胜境"，背面刻"父子忠良"，落款"天全六番招讨司正招讨使招讨将军高继光书立"。横额上下雕有双龙双凤图案。三个门洞处皆置草龙雀替。该牌坊造型美观大方，是雅安市保存较为完整的石牌坊，具有较高的历史、艺术价值。

## 特色看点

### ■ 龙凤图

在明间南北两面的匾额上都有浅浮雕龙和凤的图案。凤在上，为"双凤朝阳"；龙在下，为"二龙戏珠"。

"西湖胜景"牌坊

明间北面的匾额"父子忠良",凤上龙下的图案及草龙雀替与南面一致,落款"天全六番招讨司副招讨怀远将军杨合"

明间南面的匾额"西湖胜景",凤上龙下的图案及草龙雀替清晰可见,落款为"天全六番招讨司正招讨使招讨将军高继光书立"

# 寿相桥石牌坊

省级文物保护单位

## 建筑概况

寿相桥石牌坊位于芦山县玉溪村寿相桥西，建于清光绪元年（1875年），有牌楼六柱五间五楼，高5.45米，宽6.3米。

牌坊柱上对应刻三副对联；五个门洞皆树石碑，次间和稍间均刻建桥捐资人员名单。明间阴刻"寿相桥"三字，为剑南使者黄云鹄题，落款为"大清光绪元年乙亥夏六月三日"。正匾上书"为善最乐"，上下刻动物和花草图案，左右为宝瓶图案。火焰牌正中刻"旨皇诰太夫人黄胡上银吉"，署名为黄云（估计为黄云鹄）。顶楼为"双鱼捧寿"，两端的鸱吻为鱼，刹尖底部为一"寿"字。

## 典故传说

■ 黄云鹄题赠寿相桥

寿相桥由高氏家族先祖高舒氏牵头修建。桥梁建好后，时任雅州太守的黄云鹄感动于高舒氏的功德，欣然题下"寿相桥"赠予该桥，以"寿相"来祝愿高舒氏健康长寿。"为善最乐"正是对当地村民修桥从善的最高褒奖。

■ 茅以升盛赞寿相桥

寿相桥与安澜竹索桥、泸州龙力蠣桥、大渡河泸定桥同为四川的四大古桥，在中国古桥史上也有一席之地。茅以升主编的《中国古桥技术史》中称：四川芦山鱼戏河（即玉溪河）寿相桥，桥建筑虽已破败，但风姿独存，想当年飞檐列榱，丹艧辉明，气象伟杰，当不下于泸定桥。

"为善最乐"匾额。下枋图案由两部分组成，右为民间说法"双狮滚绣球，越滚越富有"，左为一幼狮，狮的谐音为世，下枋图案意为"世世富有"。上枋由鼠、牡丹组成，鼠的繁殖力强，牡丹象征富贵，意为"子孙绵长，富贵永久"。

戏曲"双阳公主"讲述了双阳公主与北宋名将狄青的爱情故事。此为其中两折。左右两边内容相同，为狄青与双阳公主并肩作战、大破敌军的情景。中间为"狄青受辱"，讲述狄青因年少好斗，曾被脸上刺字，落下疤痕，后因作战勇猛，擢升为将军，但在丞相府中，却被两名妓女侮辱，狄青部下愤愤不平的情景

## 特色看点

■ 石雕

牌坊的每层楼上均镌刻戏文人物和动物花草图案，以戏文人物居多，基本上与每层楼的主题相应，寓意深刻。这些戏曲人物大则十多厘米，小则几厘米，体形匀称，神态优美，虽经一百多年的风雨仍保存完好。

# 观音桥石坊

县级文物保护单位

## 建筑概况

观音桥石牌坊位于雨城区草坝镇水口老街遗址内，建于清嘉庆十一年（1806年），雅、嘉两州商会和帮会募资捐建，是曾横跨于高腔河上观音桥的建桥坊。

坊坐西南向东北，占地约10平方米。为仿木构红砂岩石质门楼式建筑，四柱三间。现明间幸存，其余损毁，坊上彩绘及部分图案依然清晰可见，且十分精美。观音桥石坊是清代的地标性建筑。坊下道路是雅、洪两邑陆上通道，与青衣江水道共同构成川边地区通往成都平原的水陆交通网。

龙飞凤舞，凤在上，龙在下

戏曲故事"赵匡胤千里送京娘"

鱼化龙，也叫鲤鱼跳龙门

牌　坊

观音桥石牌坊，经过此坊，就进入原水口老街。宝顶为"寿"字顶，有残缺

# 五里村节孝石牌坊

县级文物保护单位

## 建筑概况

五里村节孝坊位于雨城区晏场镇五里村，建于清道光十七年（1837年），为纪念刘氏立的节孝坊，也是雨城区与洪雅县的界坊。

牌坊为四柱三间，通高5米、面阔4.7米。牌坊正面明间柱镌刻对联"职修妇顺兰母仪死复生生不愧""全地道正人纲承天宠德能载福福斯多"；次间柱镌刻对联"龙观池中水天一色""月心山下松柏双青"。明间坊匾阴刻楷书"节孝"二字，旁有建坊记及捐赠人姓名，次间坊彩绘阴刻楷书"垂光""锡祚"。背面明间、次间柱均镌刻对联部分被村民的房屋遮挡，明间柱镌刻"大清道光十七岁地丁酉八月吉日立"。明间、次间均有雀替。

牌　坊

背面次间坊彩绘阴刻"江风""山月"，正面次间坊的彩绘阴刻"锡祚"

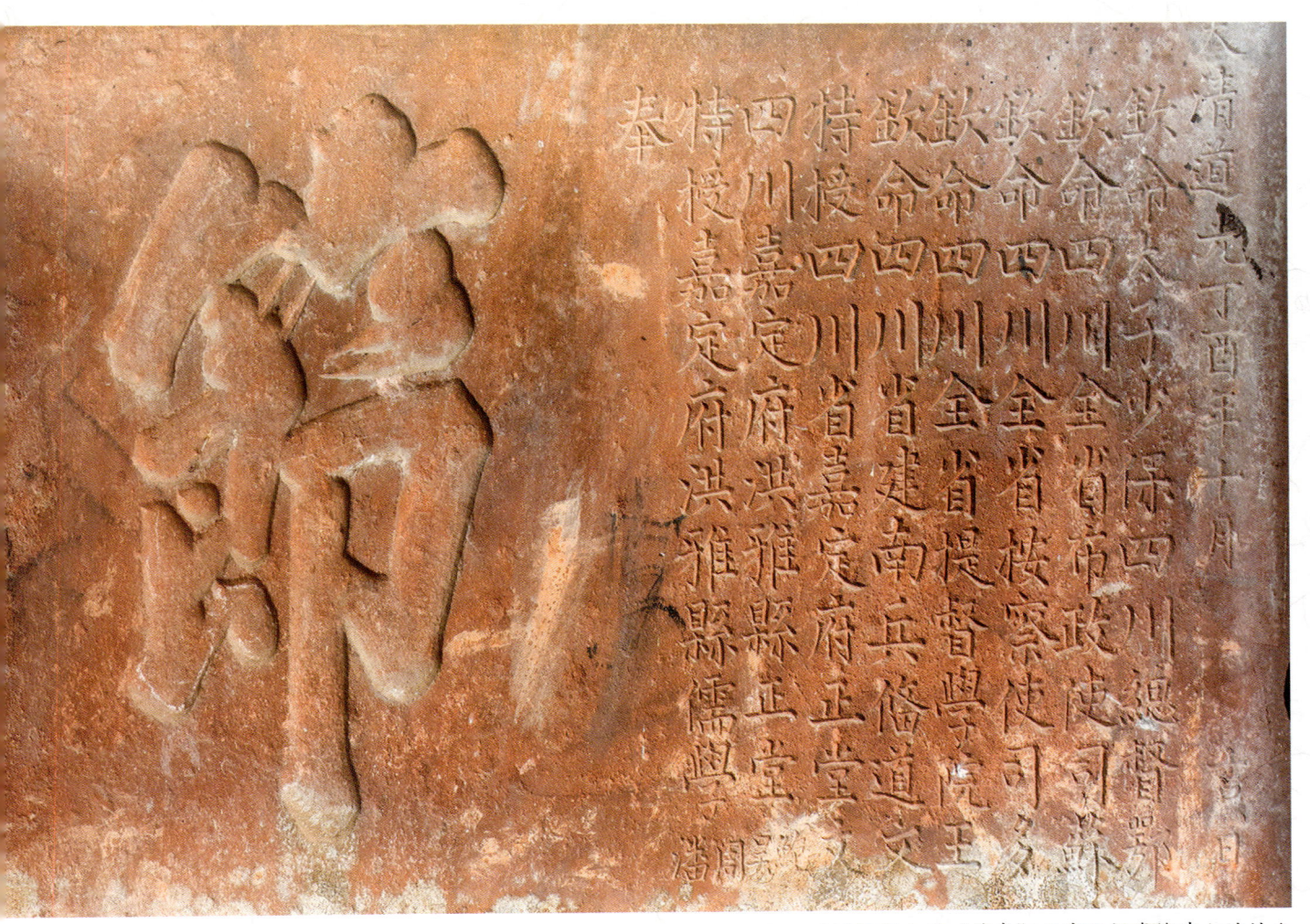

明间匾额上的"节孝"二字及捐资修建人的姓名

203

# 五通碑

县级文物保护单位

## 建筑概况

五通碑位于芦山县宝盛乡鱼泉峡。民国5年（1916年）为纪念太平、宝盛群众集资凿通鱼泉峡岩路而建。碑为重檐牌楼式石坊，五开间，俗称五通碑。牌坊高4.6米，宽5.45米。

碑上有三副对联，分别为"人攀鸟道干崖上，径达羊肠半山中""径达龙山江乡不改鱼泉跃，崖通鸡岭村落依然彩凤来""此道将文运开通好攀彩笔挥毫楼修五凤，我来在危岩稳步且奋青云捷足气驾长虹"。

碑上刻有三篇短文。分别是《去桥修岩路序》《创开崖路序》和《岩路创始记》。三篇文章都叙述了修筑岩路的各种艰难和众人的无私奉献，且为不同时期的人撰写。

1935年11月，红军在其明间、稍间和次间的碑板上覆刻大字标语："欢迎被反动欺骗的穷人回家安居乐业！"落款"漳树政治部"。该碑规制宏大，保存完好，是研究地方交通和红军史事的实物。

牌　坊

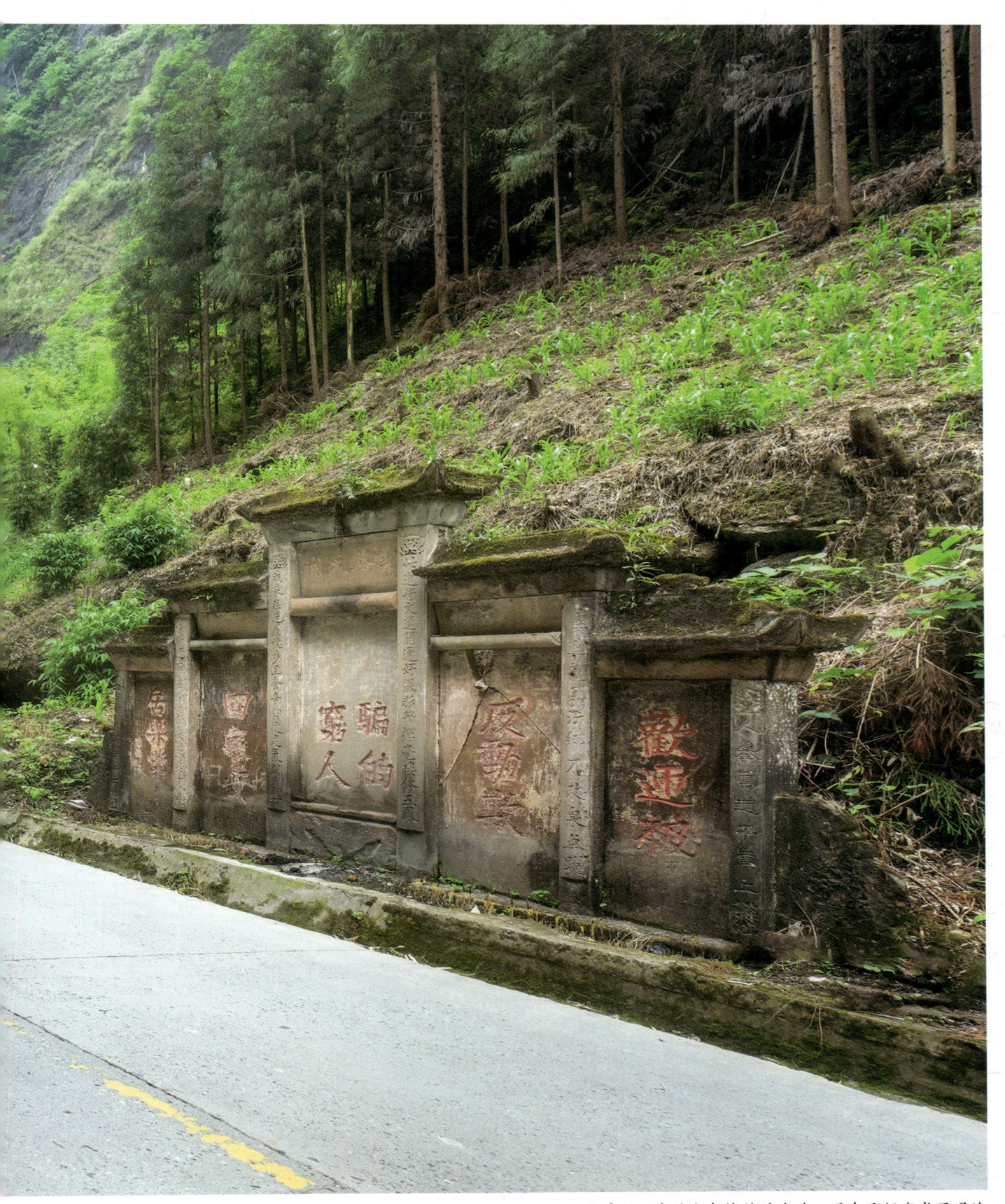

五通碑上记载的当年修筑的岩路，现在已经变成了通途

# 穆坪土司墓牌坊

县级文物保护单位

## 建筑概况

　　穆坪土司墓牌坊位于宝兴县五龙乡战斗村，修建于清朝道光年间。牌坊坐南向北，为仿木四柱三间三楼石质结构，庑殿顶，通高7米，阔约3米，占地面积35平方米，用本地青石修建。

　　牌坊的宝顶为"五蝠捧寿"，荷花底座。其下直接设正脊，脊端为龙形飞檐。脊下雕"玉兔望月"于两端；中间为两只蝙蝠和"一团和气"雕刻，背面为琴、磬图案。栏额处刻"八仙贺寿"，背面为"状元及第"；下为八宝图案。次楼檐下刻戏曲人物，中间刻"渔樵耕读""五龙奉旨"等，题字"皇恩宠锡"；次楼的背面除雕刻戏曲故事外，匾额还题字"有命自天"。大额枋雕刻"关公夜读""赵燕求寿"等戏曲故事，背面则为青石刻成的"双凤朝阳"。其下的匾额上刻"明禋百世"，背面为"功德如新"。串枋正面和背面均刻"二龙戏珠"。明间的雀替正面可见。边楼的檐下和串枋刻有戏曲故事和穆坪土司参与平定大小金川的画面。次匾额处左右分别为"光前""裕后"，背面只见右次匾的"水秀"，左次匾被石墙遮挡。

　　牌坊曾遭多次损毁而有多处残缺，但其精美的雕刻仍具有较高的艺术价值，为研究清代穆坪土司墓葬和社会状况提供了实物资料。

20世纪60年代的穆坪土司墓牌坊背面，当时的牌坊保存比较完整，少有缺损

牌 坊

现在的穆坪土司墓牌坊正面，左边的边楼和次楼缺失

# 雅安古建築·第一辑

牌坊的宝顶寓意吉祥，底座的荷花、荷叶像一双手托起上面的五只蝙蝠，五只蝙蝠又展翅捧着一"寿"字，"寿"的底部套一"福"字，整个宝顶图案透露出"以和为贵，五蝠捧寿，福寿双全"的含义

正面次楼的匾额，中为"五龙奉旨"，两边为"渔樵耕读"

# 古碑

1914年，法国汉学家、考古学家谢阁兰（Victor Segalen）考察高颐阙时拍摄的汉故益州太守高君之颂碑

# 重修大相岭桥路碑

全国重点文物保护单位

## 建筑概况

重修大相岭桥路碑位于荥经县安靖乡嵚麓村。该碑坐西北向东南，碑身高2.82米，宽0.97米，厚0.09米。碑额上方书"重修大相岭桥路碑记"九字，字体为篆书，每字12厘米×6厘米，呈3排竖立分布于碑额正中。正文是隶书，共396个字，每字见方5厘米。碑镶嵌于巨石中，碑文字迹非常清晰，落款"光绪丙午秋九月督蜀使者巴岳特锡良篆并书"。该碑是研究雅安茶马古道非常难得的珍贵资料，具有较高的文物价值。

## 天目重修路道碑

省级文物保护单位

### 建筑概况

天目重修路道碑位于名山区马岭镇七星村。坐西向东，圆弧形顶，碑正面记叙修建至天目寺道路的过程。碑文记载，明天顺三年（1459年），天目寺僧人可真将老峨山的茶上贡到蜀王府，"蜀王甚赞，遣内相率兵卒驻守天目寺，专司贡茶监制"。后来，为方便贡茶运输，蜀王派"内相金璋，募集资财，重修大石梯……明正德十五年（1520年）竣工"。该碑是研究茶历史、茶马古道和茶马互市难得的实物资料。

# 天下大蒙山碑

省级文物保护单位

## 建筑概况

天下大蒙山碑位于名山区蒙顶山天盖寺前的山门旁，碑高2米，为清雍正六年（1728年），蒙山僧正（管一县和尚的僧官）祖崇在培修天盖寺时所立。

碑上书"天下大蒙山"五字，此五字出自中国第一部地理志《尚书》。碑刻有言：祖师吴姓，法理真，乃西汉严道，即今雅之人也，脱发五顶，开建蒙山。自岭表来，随携灵茗之种，植于五峰之中。高不盈尺，不生不灭，迥异寻常。至今日而春生秋枯，惟二三小株耳，故《图经》有云："蒙山有茶，受阳之精，其茶芳香"，皆师之手泽百事不迁也。由是而遍产中华之国，利益蛮夷之区，商贾为之懋迁，间阎为之衣食，上裕国赋，下裨民生，皆师之功德，万代如见也。

此碑客观记述了蒙顶山种茶历史，成为吴理真作为植茶始祖，蒙顶山作为世界茶文化发源地、世界茶文明发祥地的有力佐证。

# 穆坪土司"功德碑"

馆藏二级文物

## 建筑概况

该碑原位于宝兴县穆坪镇新宝村关帝庙下，后移于"红军长征翻越夹金山纪念馆"保护。该碑立于清乾隆五十三年（1788年），是当时旅居客商为感谢穆坪土司而立的"功德碑"，记述了穆坪土司坚参囊康一生的文治武功，是填补正史、方志记载空白的珍贵历史文献。坚参囊康是清乾隆时期的穆坪土司，在平定大小金川中战功卓著，是清朝历史上仅有的名列紫光阁功臣的土司。1935年，红军长征时期曾利用此碑进行抗日反蒋宣传，因此该碑也具有红色文物价值。

穆坪土司功德碑拓片局部

穆坪土司功德碑

… (雅安古建筑·第一辑)

# 蓑衣岭碑刻

市级文物保护单位

## 建筑概况

蓑衣岭碑刻位于汉源县永利乡杉树村的汉源县、洪雅县、金口河区三县（区）交界处。1941年，国民政府因抗战所需，抢修乐（山）西（昌）公路，为纪念通车，刻"蓝褛开疆""蓑衣岭"石碑2座。乐西公路全长525千米，起点乐山终点西昌，其中汉源段约80千米。这两座碑刻是研究抗战历史的重要文化资源。

"蓝褛开疆"碑厚0.28米，长3.14米，高1.06米，字的直径为0.33米，小篆雕刻。碑文内容为：蓑衣岭当川康来往要冲，海拔二千八百余公尺，为乐西公路之所必经，雾雨迷蒙，岩石险峻，施工至为不易，本年秋祖康奉命来此督工，限期迫促，乃调乐本处第一大队石工并力以赴，期月之间，开凿工竣，蚕丛鸟道，顿成康庄。员工任事辛劳，未可听其湮没，爰为题词勒石，以资纪念。

"蓑衣岭"碑厚0.15米，长0.97米，高1.55米，行书雕刻。

# "翼王亭记"石碑

市级文物保护单位

## 建筑概况

该碑位于石棉县新棉街道新街社区石儿山公园内，1942年乐（山）西（昌）公路大渡河铁索桥落成时，为纪念翼王石达开而建。原六柱六角的翼王亭已毁，现存翼王亭建于1980年。亭后2.7米处立有一石碑，立于1942年，坐南朝北，长方形底座，上刻《翼王亭记》，底座长1.95米，宽1.2米；碑宽1.58米，厚0.35米，高2.5米。碑刻对于研究抗战期间川西南社会经济状况和石达开相关历史有一定的参考价值。

# 西康省东界碑

县级文物保护单位

## 建筑概况

"西康省东界"位于雨城区金鸡关，由五块青石板阴刻、横写组嵌于崖壁，楷书，总长5.96米、宽1.16米，石刻左右为边款，均阴刻竖写楷书，左款"民国二十八年建"，右款"刘文辉题"。碑记由两块青石板组嵌于"西康省东界"石刻右边，长1.86米、通宽1.12米，阴刻竖写楷体，23行，计400余字，钤印二方，为"陈耀伦印""仲光"，均为5厘米见方篆书。

碑文记：逊清末叶，川滇边务大臣赵尔丰，戡乎边乱，改土归流，西康建省之议，实肇于此时。先君都尉公驻防荥经，奉赵命修川边官路甚急。予仿龄随尉公，侧经理琐务，路成奏保卯品顶戴，非始料所及也。鼎足以来，主政唯屡易人，而赵所未竟之功，迄无继成之者，民国十七八年间，四川主席自乾刘公兼理康政，先后恢复失地，始得民藏划界而治。九一八事变，国事日极，国人皆目四川为复兴根据地，而康与川实同唇齿闻拓更不容缓，刘公因辞川政，界意治康，受命建省委员长，筚路蓝缕，百端并举，为时数载，行省之基础大定，中央厘定省界，北邻青海，南邻云南，西至于藏，东则入川省宁雅两属而止于金鸡关。民国二十八年省政府成立，省主席刘公谈及勘界经过，遂手书"西康省东界"五字，属于勒石，以示久远。念于以菲材，生长边地，早与建省之业，三十年未竟之功，今复聿观，厥□向邀赵公之保癸，今辱刘公之柱命，终始于□□□幸矣，□有余石识以附骥焉。

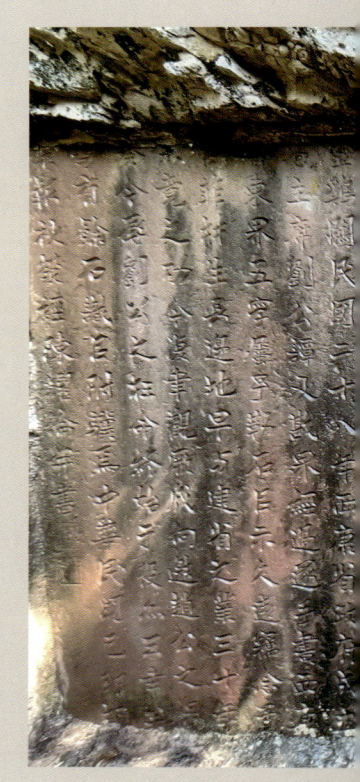

西康东界碑碑记

# 带厉河山碑

县级文物保护单位

## 建筑概况

"带厉河山"碑位于雅安市区彩虹桥约30米处的南岸崖壁上,为原国民党二十四军军长,西康省主席刘文辉亲笔题写。石刻由6块石板组嵌于崖壁上,立面呈方形,通长5.2米,通高1.7米,立面面积为8.84平方米,从右至左横写,阴刻,楷书;边款为阴刻,楷书,竖写,右款"中华民国三十一年秋",左款"刘文辉题",颜体书法,笔力沉着雄健,体势刚劲,丰腴开朗。具有一定的艺术价值。

《史记》载:"使河如带,泰山若厉,国以永宁,爰及苗裔。""带厉河山"字面意思为:泰山小得像磨刀石,黄河细得像衣带。引申为:国基巩筑,国祚延绵,含有江山永固之义。此石刻表明了西康人民与全国人民一道将抗战进行到底的伟大决心。

# 卫继故里碑

县级文物保护单位

## 建筑概况

卫继故里碑位于名山区马岭镇卫公村。碑高约1.6米、宽约1米，正面书写"汉奉车都御卫孝廉字继故里"十二个隶书大字，字体工整美观，书法功力深厚，体现了"撇、捺等点画美化为向上挑起，轻重顿挫富有变化"的隶书特点。碑背面、侧面均无字。卫继（220—280年）是三国时期的益州蜀郡汉嘉严道人，官至奉车都尉、大尚书，后参与钟会、姜维策划的恢复蜀汉政权而被杀，尸骨被运回马岭镇安葬。后人称颂其事迹，在他的石碑上写上"孝廉"两字。

# 白云院古碑

县级文物保护单位

## 建筑概况

白云院位于荥经县五宪乡坪阳村，占地面积449平方米。现存大雄殿和观音殿，两殿均为歇山顶抬梁式木结构，现正维修中。院中有3通石碑，分别为嘉庆九年（1804年）、道光二十九年（1849年）和光绪七年（1881年）立，均为当时维修纪念，上刻维修情况及捐资人名单。此碑上文字为嘉庆九年（1804年）维修竣工后的碑记。

# 格达庙古碑

县级文物保护单位

## 建筑概况

格达庙位于宝兴县五龙乡东风村。清道光三十年（1850年）重建。为石木结构，悬山顶穿斗建筑，三面石墙封顶。面阔三间，长9.2米，进深6.6米，素面台基，垂带踏道，殿前院坝三方石围墙。山门位于围墙正面，有石梯通往坡下。

庙前有一立于清道光三十年的古碑，记载重修格达庙的过程及捐资修建人员名单，其中穆坪土司之名尤为突出，对研究穆坪土司的兴衰历史有一定价值。

# 朝阳寺古碑

县级文物保护单位

## 建筑概况

朝阳寺位于汉源县富庄镇联络村,原有九重十八殿,现仅存大雄宝殿,坐东南向西北。面阔五间24米,进深12米,檐高6米,脊高10米。建筑周围有檐台,穿斗抬梁式混合结构。台阶为如意踏步,分三级。

大殿门口立有两通古碑,一通是明崇祯十一年(1638年)重修朝阳寺时立,距今已近400年。另一通为光绪三十年的"雷公德政碑",内有贡椒信息。

# 后记

　　本书是雅安市政协拟编撰的《雅安古建筑》系列的第一辑。编写本书是雅安历史上首次较为全面地整理、记录、推介雅安古建筑的有益尝试。

　　本辑侧重于不可移动文物范畴的礼制宗教纪念类古建筑，包括汉阙、寺庙、教堂、祠堂、牌坊、文庙和字库塔、古碑七个方面。为将本书编成全面展示、重点突出、特色鲜明的精品，编撰者依据雅安市文管部门提供的文物保护单位名册，广泛收集各类志书、国家和省市部门编撰的相关书籍中对雅安古建筑的介绍，以及各类媒体的宣传报道，从而梳理出编撰提纲、拍摄路线、田野调查方案，确保编撰工作有序推进。

　　编入本书的70处礼制宗教纪念类古建筑，绝大部分列入了各级文物保护单位，个别建筑因正处于维护中而未编入。编者在田野调查中发现，有些建筑虽未列入文保单位但古建特色明显，在听取多方意见后也将此类建筑编入本书中。

　　为更好地展示雅安古建筑的风貌、特色和价值，本书采取图文结合、以图为主的方式编辑。在文字方面着重介绍每一处古建筑的建筑概况、典故传说和特色看点。编入本书的图片，绝大部分为编撰者组织专人现场拍摄，有的建筑拍摄了3次以上，累计拍摄照片4000余幅。按照展示建筑整体面貌、突出建筑个性特征的原则，筛选出400多幅图片呈现于读者面前。本书还插入国内外摄影师、建筑学家在20世纪拍摄的老照片，在对比中表现雅安古建筑的历史厚重感和震撼力。

　　在编写本书的过程中，我们更加深刻地体会到古建筑保护的重要性和紧迫性。这些古建筑，是历史的见证，更是文化的传承。这些古建筑的存在，让我们在感受雅安厚重历史的同时，更加增强了历史自信感和文化自信心。

　　本书由雅安市政协文化文史和学习委员会主编，雅安市文化广播电视体育和旅游局协编，编撰过程中得到了雅安市民族宗教事务局、雅安市住房和城乡建设局、雅安市文物管理局、雅安市博物馆和各区县政协、各区县文管部门的大力支持，他们在组织协调、资料提供、质量把关等方面倾注了大量心血，在此表示衷心感谢！

　　本书从策划到出版，不足一年时间。由于时间紧迫，加之编者学识所限，书中难免有疏漏不足之处，恳请各位专家学者和广大普通读者批评指正。

编委会

2024年10月